JN218763

シリーズ
比較文化学への
誘い
4

文化が織りなす
世界の装い

山田孝子・小磯千尋 編

英明企画編集

「装い」が表象する文化と歴史から世界をみる

　私たちは、日々の生活の中でどのように「装い」を選択しているでしょうか。現代の日本において、ファッションは重要なマーケットの一つであり、ファストファッションから個性豊かなエスニック・ファッション、果ては高級な着物と、「ありとあらゆる」といってもよいほど多様なファッションがあふれています。毎年、新たなデザインやスタイルの「装い」が生み出され、「装い」の多くは今や短期の消耗品ともなっています。

　「装い」は「食」とともに、文化の中で最もグローバル化が進んできたものといえるでしょう。その一方で、時として「装い」には、「伝統」や「民族服」へのこだわりが見え隠れします。たとえば、2018年のノーベル生理学・医学賞を受賞した本庶佑さんが、1968年に文学賞を受けた川端康成さん以来となる羽織袴姿で式に臨んだことが話題となりました。男性の紋付羽織袴の姿がヨーロッパのモーニング・コートと同等の正式な礼装であることが、内外に示されたかた

ちです。このように、グローバル化の渦中にあってもなお、「装い」にはそれぞれの文化におけるこだわりをみることができます。

では、「装い」にみえる「こだわり」や「伝統」とは何なのでしょうか。装いの伝統文化からは、植物の樹皮を叩く、動物の皮をなめすことから始まり、植物の繊維や動物の毛を紡いで布を織るに至った、自然素材の加工技術の開発の歴史が読み取れます。また、染色や刺繍・アップリケなどの布地や皮の装飾のための加工・製品化技術には、各民族独自の工夫をみることができます。さらには装い方の観察からは、日常／非日常、宗教性もふくめて、時、場所、機会に応じた民族の独自性、地域性・社会性が浮かび上がります。

「装い」の歴史とは、よりよき素材と美を求め続けてきた人びとの営みということができます。現代のファストファッションもまた、新たな美への希求の形ともいえるでしょう。本書をとおして世界各地の「装い」を比較文化学の視点から考察することで、「装い」に込められた人びとの思いや世界観を読み解く手掛かりが得られることを願っています。

編者 **山田孝子**

文化が織りなす世界の装い　目次

17 インド

インドを代表する女性の装い
「サーリー」

グジャラートでの男性の装い

18 バングラデシュ

19 ミャンマー

20 タイ

21 ラオス

22 カンボジア

23 ベトナム

24 インドネシア

25 フィリピン

26 韓国

27 中国四川省
カム地方

カムバの女性の装い

31

32

27 中国四川省
シャルコク地方

お寺の行事での正装

28 オーストラリア

アボリジニ・デザインを活かしたTシャツ

29 ミクロネシア
プンラップ島

島の中での男性の装い

30 シベリアサハ共和国

サハの夏至祭りでの装い

31 カナダ

チペワイアンのミトン

32 アメリカ

ニューヨーク在住チベット人のハレの装い

本書でとりあげる
日本の
地域と装い

1 北海道

アイヌのアットゥシ

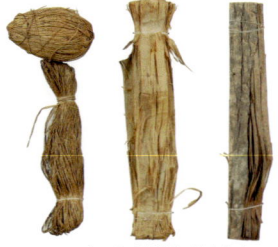

アットゥシの材料に使われた
オヒョウ

2 埼玉県

3 群馬県

4 長野県

6 京都府

7 沖縄先島諸島

竹富島でのカラムシからの採線

石垣島のカラムシ

5 4 3
6 2

5 石川県

加賀友禅

白山市牛首紬の製造工程

友禅流し

座談会
I

装う素材と技術の発見と伝播

なにを用いて、どう加工し、いかに染めるのか

●参加者●

井関和代／大井理恵／金谷美和／川村義治／小磯千尋／
小西賢吾／坂井紀公子／鈴木清史／山田孝子

樹皮や獣皮の利用から、羊毛、木綿、絹糸の発見、化学繊維の開発……。
現生人類が誕生して以降の歴史は
体を覆い飾る素材の獲得と伝播の歴史と言い換えることもできます。
素材の発見過程と染織等の加工技術の発展史の比較から
世界各地の「装い」の文化について考えます

山田孝子●世界の「装い」のありようを比較して、その背景にある民族や社会について考えるにあたって、まずは素材や加工技術をめぐる発見と発達の歴史からお話しできればと思います。

装いの世界史——
動植物由来の素材の発見と技術革新の軌跡

山田●装いの歴史を紐解くと、ウールやシルクといった素材、更紗[1]やパシュミナ[2]などの布を求めて、世界中の人びとがさまざまな思惑を持って、広範囲にわたって動いているようすがわかります。

小磯千尋●そうした素材や布をめぐる動きのすべてが、経済活動そのものと言えますね。

山田●素材については、ある地域でそれが発見されて利用が始まると、急速に世界に伝播します。その動きが各国の富のありように直結してしまうので、素材や布を求める王国同士の争いにもつながりました。

井関和代●素材も染織技術も、経済とイコールの存在だと言えますね。「へそくり」という言葉が典型的にそれを表しています。かつて女性が内職で糸を繰って「綜麻[3]」を作ってお金を貯めたことが語源とも言われるように、「布を作る」ことはすなわちお金を得ることだったわけです。布は税金として徴収されることもあり、物々交換でも価値がもっとも高いものでした。

ヒツジが
動かす
世界の**歴史**

井関●ホメーロスの叙事詩などで描かれたトロイア戦争[4]の元となった出来事は、ヒツジの取り合い戦争だったのではないかと考え

---

[1] 絹や木綿の布地に、人物、鳥獣、草花などの模様をさまざまな色で染めたもの。

[2] カシミヤの繊維で織り上げたストールやショールのこと。インドやネパールで伝統的に生産されてきた。

[3] 織機にかけられるようにより合わせた麻糸。もしくは紡いだ糸を巻き付けた糸巻きの一種。

[4] 古代ギリシアの伝説の一つで、ホメーロスの叙事詩などに描かれた、ギリシアの英雄がトロイアに遠征して攻略した戦争。シュリーマンによるトロイア遺跡の発掘以降、この伝説の核となる歴史的事実の存在を認める研究者も多い。

▲写真1
パシュミナヤギ
繊細で肌触りのよいウールが採れ、チベット、ネパール、ラダックのチャンタン地方などの高標高地域で飼育されるヤギ。ヒツジやヤギなどの家畜を殺さずに入手できるウールの利用の発見は、人類にとって一つの画期となり、歴史を動かしてきた

る説もあります。妃の奪い合いではなく、ヒツジがほしかった。それも繊維となるヒツジの毛だけではなくて、皮を得ることも目的だったと考えられています。砂金を採るのにヒツジの毛皮がもっとも適していたらしく、それを求めていたようですね。黄金のヒツジ[5]の伝説というのは、これに由来しているとも言われます。

　ウシ科ヒツジ属の動物の家畜化は、南西アジアで11,000年前ごろから始まったとされています。野生のヒツジの毛は黒色や褐色でしたが、家畜化後の改良によって淡色や白色の毛のヒツジが生まれます。そのメソポタミアあたりにいたヒツジをフェニキア人が染色技術とともにエジプトなど地中海一円に広め、やがてはそれがイベリアにも持ち込まれる。そして14世紀ごろには、イベリアのヒツジとコーカサス地方に残っていたヒツジとを交配させて改良したメリノ種ができたと言われます。そこから得られる良質なウールによる毛織物産業は、スペインの黄金時代を支えました。

小磯●素材の発見と利用の拡大が、まさに世界の歴史とつながっていますね。

井関●古代から、人類はヒツジの肉を食べることの他に、その皮や毛を利用してきました。フェルトもヒツジの毛から生まれたものです。

山田●動物を殺すことなく使える毛の利用の発見というのは、人類にとって画期的な出来事の一つだったと思います。

井関●家畜を飼育しながらそこから得られる素材を利用するというの

---

[5]　ヒツジの毛皮を川底に沈めておくと羊毛に砂金が付着するとされ、ギリシア神話には、秘宝の一つとして翼を持つ黄金のヒツジが登場する。

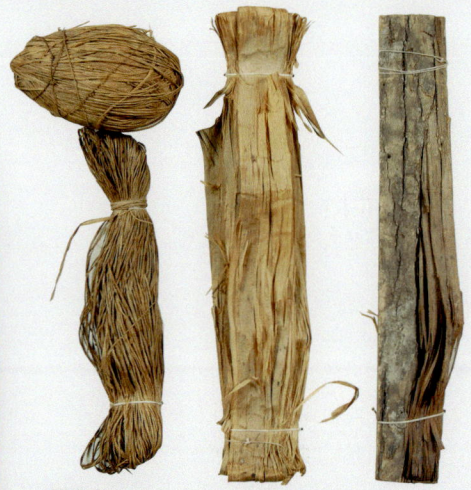

▲写真4
オヒョウの樹皮〈右〉、内皮〈中〉、繊維〈左〉
アイヌの人たちが衣服用繊維として利用したことで知られる［北海道大学植物園・博物館所蔵］

▲ 写真2〈上円中〉
石垣島のカラムシ
本州でも日当たりのよい草地や道端などに自生している

▲ 写真3〈上〉
竹富島でのカラムシからの採線
茎を蒸して皮を剥ぎ、乾燥させたうえで裂いて撚りをかけて繊維にする

▶ 写真5
ウガンダのイチジク科の樹皮の再生
ガンダの人たちは、樹皮を剥いだあとに木の表面に泥土とバナナの葉を巻く。数年おくと樹皮が再生する。そうして再利用を繰り返す

は、牧畜文化のいいところですよね。

山田●とくに、毛は刈っても一定期間するとまた生えてくることから入手しやすいので、その利用が広範囲に拡がったのでしょう。

**短期間で
成長する
植物繊維の
利用**

井関●繊維が利用される植物についても、何十年もかかって生育するような木ではなくて、1年間で利用できる大きさになる草・木を、人間はうまく使っていますよね。

山田●たしかに、カラムシ[6]なども数か月で1メートルほどになりますね。

井関●樹皮布[7]に使うにも、あまり樹齢を重ねた木は向いていません。せいぜい2〜3年で育つ木です。太い木の皮を使うより細い若い木の皮を使うほうが、できる布の質がいい。炭にして利用する木も、みんな成長が早いでしょう。人類は、生育が遅い木は大事にして建材にしてきましたが、暮らしのなかですぐに消費してしまう素材については、生育が早い植物を選んでいますね。

金谷美和●丹後地方で藤布に使う樹皮は、4年目に伐採して採取すると聞きました。

井関●同じフジでも1年目の木から採ると、すごくやわらかくて光沢のある、繊細な繊維が採れますよ。

山田●フジは伐採して繊維を採ったら、その木はどうなるのですか。

井関●根を少し残しておけば、すぐにまた横から出てきます。

山田●出てくるものをまた利用するというかたちですね。アイヌの人たちによるオヒョウ[8]の利用の場合でも、木は伐らずに部分的に樹皮を剥がします。すべてを剥がさない。

井関●樹皮布の利用の仕方として、そのかたちは世界のあちこちでみられますね。たとえばガーナやウガンダでも、木の皮の一部分だけを剥いで使う。その剥いだところには泥土を塗って、バナナの葉を巻く

---

[6] イラクサ科ヤブマオ属の多年草。茎から採れる繊維は丈夫で、日本で古くからよく利用された。

[7] 木の内皮を煮て水にさらし、石棒や木槌で叩いて打ち延ばして作る布。

[8] ニレ科ニレ属の落葉高木。北日本の山地に多く、アイヌがその繊維をアットゥシという織物に利用する。詳細は27頁からの山田孝子による論考を参照。

などしてメンテナンスをしています。コウゾ[9]やカジノキ[10]などは、伐っても根を残していればまた脇芽がどんどん出てきますから、伐採して利用することが多いですね。

身近な半野生植物の利用例——エチオピア、沖縄、秩父

井関●自分たちの暮らしに身近なところにあって、簡単に手に入る半野生の植物の利用は、世界各地でたくさんみられます。エチオピアの女性が市場に行くとき、エンセーテ[11]という植物の葉軸をブッシュナイフで切って、割いて持って行くのをみたことがあります。市場で買った菜っ葉などを、それを紐として括るわけです。どの植物から採れる繊維が暮らしのなかでどう利用できるか、きちんと知っている。

　沖縄でも、かつて女性たちは山鉈1本を持って薪とりに行っていました。集めた薪はフジやクズなどのやわらかい繊維で縛って持ち帰る。おそらく繊維というのは、こうした日常の必要から発見されたのだと思います。

山田●たしかに、縛ったり括ったりするための繊維は、人びとの普段の暮らしのなかで利用しやすい、都合のよいものが見つけ出されて、利用法が発達していったのでしょうね。

井関●建築について研究している人に聞くと、家の柱を括るのにも植物の繊維が使われている例があるそうです。

金谷●先日、秩父で竹縄(たかなわ)[12]を使って建築物を結束している映像をみました。驚きましたね。

小磯●竹の皮を削いで使うのですか。

金谷●水に浸けてやわらかくした皮を剥いで、強く縒りをかけて、それを何本か合わせて縄状にして使っていました。

---

[9] クワ科コウゾ属の落葉低木。繊維の収穫量が多くまた取り出しやすいことから、和紙の原料として用いられる。

[10] クワ科コウゾ属の落葉高木。コウゾ同様に紙の原料としても使われる。

[11] アフリカやアジアの高地に分布するバショウ科エンセーテ属に属する植物。根茎部および偽茎部の澱粉はエチオピア南部の諸民族にとって重要な食糧となる。

[12] 埼玉県東秩父村で昭和20年代まで盛んに製作され、屋根材や蚕棚の結束、井戸の釣瓶縄などに用いられてきたもので、その製作技術は村の無形文化財に指定されている。

大井理恵●七尾市に青柏祭[13]という祭りがあって、高さ12メートルにおよぶ「でか山」という筵で覆った山車が出ます。あの「でか山」の内部の木組み構造は、伝統的にはフジ蔓で括って締め上げるものです。それもフジ蔓を縄状に綯ったうえで使う。近年では既製品のロープを使うことが増えていますが、鍛冶町のでか山は芯になる部分を現在でもフジで括っています。

⬤コットンの
発見と栽培——
より長く、細く、
白いものを

井関●日本では古くから、フジやコウゾ、カジノキの他に土着のタイマ[14]も利用されていましたが、やがてチョマ[15]なども含めた麻の利用が盛んになって、その時代が長く続きました。

じつはコットンの文化は案外新しいということを、みなさんご存じない。中国でも歴史は浅いのです。中国より韓国のほうがコットンの利用の開始は早いと思います。

山田●コットンには、異なる野生種に由来する、交配できない独自の種類が複数あるそうですね。それぞれの地域でみつけて利用しているというのも興味深いですね。

井関●オリンピック憲章みたいだと私はいつも言うのですが、「より長く、より細く、より白い」コットンをみつけて、その栽培を繰り返していく。ですから、エジプト綿[16]や海島綿[17]など現在ベストとされている種類の利用の歴史も案外浅くて、しかも発見による。アメリカ綿[18]は品種改良していますが、ほとんどの種が交配でも品種改良でもない。偶然にみつかった上質の植物種を育てているわけです。

---

[13] 石川県七尾市にある大地主神社の例大祭。本シリーズ第3巻『祭りから読み解く世界』を参照。

[14] 大麻。アサ科アサ属の一年草、繊維名はヘンプ。縄文時代の遺跡からも発掘されている（日本麻紡績教会 Web サイト〈http://www.asabo.jp/museum/museum_sub08_01.html〉）。

[15] 苧麻。カラムシに同じ。繊維名はラミー。

[16] ナイル川流域で生産される綿。繊維が細く長くやわらかく、光沢がある。

[17] 主に西インド諸島で栽培される綿。繊維がきわめて細く、長く光沢があるが収量が少なく虫害に弱い。

[18] 世界で商業栽培されている綿花の9割以上を占める（2006年統計）ヒルスツム品種グループの綿の総称。アプランド綿とも言う。土地順応性が高く栽培しやすい。

でも、コットンのさまざまな種をきちんと使い分けていたのは、お
そらくインドだけではないかと思います。たとえば、江戸時代に普及
して日本でよく使われたインド・デシ綿という種類がありますが、あ
れはインドでは布団綿であって、糸を作る綿ではない。さまざまな種
類の綿があって使い分けがされていましたが、いまやアメリカ綿に押
されて、土着のものは消えつつあります。

　そもそも綿の文化というのは、種を採る技術がないところではあま
り発達していません。綿となる繊維と実とを分ける作業がたいへんな
のです。ところが、メキシコとグアテマラ、それからタイには、種が簡
単にはずれる品種があります。

小磯●そのはずれた実が種になるわけですか。

井関●そうです。栽培するにはそれを蒔けばいい。

　綿には草木、草系列のものもあれば、喬木ぐらいまで伸びて綿の実
を成らせる種類もあります。アフリカでは気を付けてみているとけっ
こう生えていますよ。エチオピアでは垣根にしているのをみましたし、
ガーナでもかつて植えられたものが残っている印象です。でも、やは
りわざわざ木に成らせて収穫するよりも、早く収穫できるし栽培もし
やすいので、すべてアメリカ綿に替わりつつあります。

> **シルクの発見と利用——**
> まずは
> **タンパク源**
> として

小磯●人類による素材の利用の歴史のなかでは、シルクについて
も押さえておく必要がありますね。

井関●繭を獲るもともとの目的は、中の蛹や幼虫を食べてタンパク質
を補給することにあったのではないかと思います。繊維を採ることは
二の次だった。紀元前2000年とか、何千年も前の話です。そこからだ
んだんと繊維の利用も始まったという感じでしょうね。

山田●アフリカでは昆虫はすごく貴重なタンパク源ですから、ニン
ドゥ[19]の人たちも発生時期には必ず獲りに行っていましたね。そうし
て昆虫の蛹を食べるために繭を開いているうちに繊維としての利用に

---

[19] 北東バンツー語系のニンドゥ語を話す焼畑農耕民。コンゴ民主共和国（旧ザイー
ル）東部に暮らす。本シリーズ第1巻『比較でとらえる世界の諸相』34-35頁参照。

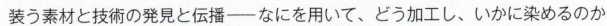

▲写真6〈上〉
小石丸
のちの貞明皇后（昭和天皇の生母）となる節子皇太子妃が、1905年に蚕業の視察をされた際に気に入ったことから献上され、青山御所に持ち帰られた。1908年以降絶えることなく育てられている

▲写真7〈上円中〉
ヤママユガの繭
チョウ目ヤママユガ科に分類されるガの一種。クヌギの葉を食べると鮮やかな緑色の繭を作る

◀写真8〈上右〉
**石川県白山市
牛首紬の製造工程**
牛首紬は、2匹の蚕が共同で一つの繭にした「玉繭」を使って作られる。繭を煮込んで手作業で糸を引き出す

気付くということは、十分にあり得ると思います。

井関●日本の山繭も、きちんと育てるとすごく大きくなります。

　学生に「蚕の蛹を食べるねんで」って言ったら、もうお化けをみるような目をしていました。（笑）「貴重なタンパク源やから、いまでも長野県とかで売っているよ」って言ったら、「よほど食べる物がなかったんですね」と。（笑）いまの若い人の感覚だとそうなのですね。

小磯●蚕の蛹は芋虫よりはおいしくなさそうですよね。芋虫はクリームチーズみたいでおいしいと聞きますけど。

鈴木清史●砂漠の先住民の食べ物は、現代風に加工するとおいしいんですよ。フライパンで軽くソテーをして、ソースをかける。

井関●私の調査地では、細い竹ヒゴのようなものに芋虫を挿して、囲炉の上に吊るして燻製にする。私も最初は嫌でしたが、無理やり食べさせられた途端に、「おいしい」と。（笑）

　シルクにおいて重要なのは、一つの繭を作るのにどれぐらいの手間がかかって、どれほどの糸が得られるかです。日本には繭の種類がたくさんありますが、たとえば古くから作られてきた小石丸[20]という品

20）奈良時代から飼育が開始されたという蚕の品種の一つ。宮中の御養蚕所における皇后御親蚕で育てられる。

種の繭から採れる糸は、艶があって上質ですが細く、繭自体も小さいものです。そこで日本の養蚕業では、繭が大きく、糸を太くする改良をしてきました。しかし近年では、収量だけを重視するのではなく、かつての絹が持つ透け感、軽やかさを再現しようという取り組みも、群馬県蚕糸技術センターを中心に行われています。

染色技術の発見と羨望と欲望がもたらす伝播

小磯●素材をいかに染めるかという技術の広がりも、「装い」をめぐる歴史を動かしてきましたね。

井関●じつは、現代の日本で私たちが「鮮やかだ」と感じている色を生み出す天然染料は、すべて国産ではないのですね。奈良時代のころから輸入品、舶載品です。

山田●もともとは日本には染める技術はなくて、外から入ってきたということでしょうか。

井関●そう捉えたほうがいいでしょうね。『日本書紀』に、高麗から帰った人が、須流枳（するき）と奴流枳（ぬるき）という工匠を献上したという話が出てきます[21]。彼らが皮をなめす技術を持った集団の先祖だという記述があるので、色についてもこのあたりの人びとがもたらしたのだと私は考えています。

　もともと古代の人たちは、顔料で糸や布に着色をしていました。黄土や赤土、竈の煤を使って染める。白はカオリン石[22]が採れる土、あるいは灰を利用する。カタツムリの殻から石灰を作って使うこともありました。灰は染色にも使えますが、精練といって、絹のセリシンや綿などの植物繊維に含まれる油分などの不純物を取り除いたり、布をやわらかくしたりする助剤としても使われます。染める素材や使う染料によっては、藁灰や石灰などを使い分けます。

　いずれにしても、インドなどで発見された染料やその染色技術を、世界中の人びとが争うようにして交易で手に入れようとする。日本で

---

[21] 『日本書記』巻第十五、仁賢天皇六年の記述。仁賢天皇の在位年について詳細は不明だが、渋川春海が『日本長暦』で示した神武天皇即位を西暦で紀元前660年とする推定に基づけば、仁賢天皇六年は西暦493年となる。

[22] 鉱物（ケイ酸塩鉱物）の一種。顔料や製紙原料としても使われる。

は南蛮交易が始まる前から、中国経由でインドのラック[23]も入手していたようです。

金谷●人びとが色や模様がついたものを求める欲望には大きな力を感じます。日本人は色があまりなく白っぽい服を着ていたときに、なんらかの色や模様をみて、それに憧れて求めるようになったのでしょうね。

山田●たしかに、不思議なほど遠くから伝わってきて、長きにわたって残っている染料や色がありますよね。

装いの
ベースにある
他者との
差異化と同化

井関●世界には付加価値を付けるのがうまい人たちがいて、「このお祭りのときには絞りの模様の服を着なあかん」とか「これは○○のお祭りのときしか着たらあかんねや」といったかたちで儀礼に使用するなどして、特権化して権威を与えるわけです。

山田●そうした「これしか着てはいけない」という決まりがあって、毎年それをしなければならないから、染色技術も装いも残っていくわけですよね。そうでなければどんどん新しいものに代わる。

井関●ですから、そういうゆるやかな縛りのなかにいた日本人は、おかげで150年前ぐらいまでは伝統的な装いを保持できたわけです。そうしたものがない地域では、どんどん捨てていっています。

山田●そうですね。自分たちの存在を表現する際には、どの集団でも常に他の集団との差異化が必要ですから、そのときになんらかのものを特権化する。衣服もその一つで、そうなることで受け継がれ、守られる。

井関●やはり装いのベースにあるのは、区別・差別化ですね。たとえば日本でも、藤布を着ている集団・集落で、「同じ藤布やけど、あの人たちが着ているのは4年ものの繊維で作っているのよ。うちらは違う。うちらは1年もののやわらかい、光沢のある繊維を使っているの」という差別化・差異化が集団内でもみられました。けれども集落を出たときには他の集落・集団との違いを明らかにしてまとまりを示しておく必要があるから、共通の制服のようなものとして藤布を纏う。

---

[23] ラックカイガラムシが分泌する樹脂状物質で、古くから染色に利用されてきた。正倉院には世界最古のスティック・ラックである「紫鑛」が収蔵されている。

小磯●集団内での差異化と、外部集団に対する差異化との二つがある
わけですね。

山田●その違う部分と共通する部分との微妙な割合が、集団としての
装いの特徴として表れてくるのだと思います。

色の選好にみる世界の違い
——弔いの色、ハレの色、高貴な色

小磯●現代の日本では遺体に白装束を着せますが、インドでもや
はり白は、とくに寡婦を象徴する色として縁起がよくないものと
されています。何色をよいものとして、何色を忌むべき色とするのか
については、おそらく地域によって違いがあると思います。

小西賢吾●中国でも葬儀を象徴するのは白ですね。中国の友人が、日
本の結婚式で白いネクタイをするのはすごく違和感があると言ってい
ました。

井関●端的に言うと、その国のもっとも原始的な布の状態、つまりそ
の国の根幹の色が、喪服や寿衣と呼ばれる死者にまつわる服の色に
なっているはずです。たとえば韓国では、カラムシ製の布の服を遺体

◀写真9
夫に先立たれた
インドの女性〈右〉
アクセサリーなど
は身に着けず、白
いサリーのみを身
に着けて生涯を過
ごした〈インドの
プネーにて〉

▶写真10
ガーナの
アシャンティの
葬送儀礼布

吉祥の色とされる
ことが多い赤を葬
送時にまとうのは、
その民族にとって
の原初の色が赤で
あることを示して
いると考えられる。
樹皮布文化圏だっ
たアシャンティで
は樹皮布の「赤褐
色」が葬儀布の色
として用いられる

に着せます。遺体に色物を着せることは世界でも稀で、むしろオフホ
ワイトのものを着ることはごくノーマルな話だと思います。みんな生
まれて初めて着せられる布の色を、死んだ時にも着せられるのです。
おしめやおむつの従来の色は、白というよりは生成りです。これが最
初の儀礼の布になる。身分ができたり、いろいろな約束事ができたり
すると、そこに色が追加されていくわけです。

鈴木●それも差別化ということですよね。生まれたときに生成りであ
れば、そうではないときにはなにかを主張するために色がつくという
ことですね。

小磯●インドの女性は、私が調査している地域では、夫より先に亡く
なると赤や緑のサリーを着けて火葬されますが、夫が先に亡くなって
寡婦になると、白い服を身に着けます。

井関●寡婦の扱いは民族や社会によって違いがありそうですが、葬儀
のときには、遺体はその社会や集団のもっとも始原的な布だった色で
包まれますし、喪服も本来は地域の根幹の色だったはずです。たとえ
ばガーナでは、葬儀の参列者は黒か赤を着ます。あれはかつて着てい
たイチジク科の木から作った樹皮布が赤黒かったことが影響している

と思います。ウガンダも一緒です。ですから、葬儀のときの色をみれば、その社会や集団のルーツの色がわかる。短絡的なようですが、あまり外れていないと思いますよ。

川村義治●日本でも、現代の喪服は黒ですが、数十年前までは誰かが亡くなると、喪主は白い衣装を着る風習が地方にはありましたね。

山田●江戸時代までは白い喪服もよく着られていたと言われていますし、30〜40年ほど前までは、喪服は白と黒の2着を作る必要がありました。よそに弔問に行く場合と、自分が喪主になったときのためですね。

金谷●ムスリムも遺体を白い布で包みますが、これは白がイスラームの起源地で使われていた色ということでしょうか。

井関●おそらく麻とコットンの文化でしょうね。イスラームが興ったとき、すでにウールは繊維としてありましたが、あまりにも高価だから麻や黄麻[24]などが使われました。みんなそうした色や白に落ち着くわけです。

吉祥の色は何色か──世界に多い赤を尊ぶ社会

小磯●逆に世界で吉祥な色というと、どんな色でしょうか。

井関●赤が多いと思いますね。

金谷●たしかに、血の色もしくは太陽や生命力の象徴ということで、赤を特別な色とみなす社会は多いです。インドでは組み合わせも関係して、「赤と黒」と「赤と白」とでは大きく意味が変わって、紅白の組み合わせがもっとも吉祥だとされます。私が調査しているカッチ地方ではまた少し違って、赤だけでは吉祥すぎて逆に邪視を呼び込みやすいので、魔除け的に模様として少しだけ黒を入れるのが最良とされます。ただし、黒が多すぎてはいけない。織物なら黒糸を端に1本だけ織り込む。刺繍でも少しだけ黒を入れます。

坂井紀公子●もともと黒に吉祥性があるわけではないということでしょうか。

金谷●黒だけでは吉祥性はないので、魔除けですね。黒い糸を手首に

---

[24] ジュートとも言う。シナノキ科のツナソ（綱麻）、シマツナソ（*Corchorus olitorius*）の通称名で、麻袋などの粗布に広く利用される。

巻くこともあります。

井関●貝紫[25]は別として、赤をトップとする文化は多いと思います。赤は特殊な染料で染めますからね。化学染料が普及する前の赤色は、たとえばインドではラックによる赤に限定される。黄味赤やアカネによる赤は身分の低い人も着られますが、やはり紫味を帯びているラックの赤は貴重なものです。アッサムなど限られた地域でしか採れませんから。

金谷●おっしゃるようにラックは貴重で、ブータンなどでしたら僧衣に使われますね。

井関●ブータンでみていておもしろいのは、身分の高い人たちはラックを使っていますが、お金のない階層の次男・三男でスポンサーを持てなかったお坊さんは、ブータンアカネという日本のアカネに近いようなもので染めた服を着ている。少し黄味を帯びた赤です。だから着ている僧衣によってランクがわかる。

　タイのお坊さんもウコンで染めた黄色い僧衣を着ていますが、洗濯のたびに色が薄まってしまう。同じ黄色でも、やはりエンジュ[26]で染めた黄色は違う。私たちが言うカドミウム・イエローというのは安物の色で、レモン・イエロー系のきれいな黄色はエンジュでしか出ないんです。

ロイヤルブルーとはどんな色なのか

井関●色の呼び方でいつも腹が立つのが、テレビなどで、ただの紺色や青色でもみんな「ロイヤルブルー」と表現するでしょう。でも普通の濃紺色は一般労働者の色であって、紺色だからといって全部をロイヤルブルーとは言わない。藍で染めていくとき、本当のロイヤルブルーである花紺のきれいな色に染めあげるには、コントロールが難しいのです。

---

[25] アクキガイ科の貝類から採取した紫色の染料。高価なためローマ時代には皇帝と元老院議員の衣服のみに使用した。「帝王紫」の名もある。

[26] マメ亜科エンジュ属の落葉高木。中国などで古くから黄色を染める代表的な染料として利用された。

インドでも、お金持ちが着ている衣装には、青はないでしょう。私はわざと「インディゴの服はないの？」と聞いたりしますけど、「あんなものは身分の低い、庶民が着る色や」と、はっきり言いますからね。（笑）

金谷●インド人は絶対にインディゴ色を着ようとはしないですよね。インドで着ているのはムスリムとかつての不可触民だけです。

井関●どんな青でも「ロイヤルブルー」などと言ってしまうのは、色や装いの文化について知らないからです。ホワイトカラー、ブルーカラーという言葉もありますが、やはり青を労働者の色として捉えている社会は多くあります。

　紺色は、インド藍[27]で染めると、黒に見紛うような濃紺まで染められます。ところがもともとヨーロッパにあったウォード[28]で染めると、ある濃度のところで止まる。そのあたりでブルーについても差別化をしているのではないかと思います。

小磯●並べてみたら私たちでも違いがわかりますか。（笑）

井関●インド藍で染めたものと、アッサムあたりでできる琉球藍で染めたものとでは明らかに違います。琉球藍はブルーのなかに少し赤みを感じる。日本のタデアイで染めると、色味としてブルーの中にわずかにグレイッシュなものを感じますね。

山田●素材にしても染料にしても、ある場所で発見されたものが世界各地に伝播して、それぞれの社会や民族の価値観や好みを反映した民族衣装となって現在に伝わっているということだと思いますね。

坂井●私の調査地では、あまり民族衣装が残っていないように感じるんです。たとえばケニアのカンバ[29]という民族は、民族衣装を着ているところをみたことがありません。お葬式でも西洋風のドレスのよう

世界の装いを
二分する
「皮の文化」と
「布の文化」

---

[27] 学名は *Indigofera tinctoria*。マメ科コマツナギ属の植物。インドおよび東南アジア原産。

[28] アブラナ科タイセイ属の植物ホソバタイセイ（*Isatis tinctoria*）の英語名。中部ヨーロッパ、西アジア原産。

[29] ケニアの首都ナイロビの東方、サバンナ地帯に居住するバントゥー系諸族の一つ。カンバの装いの詳細については105頁からの坂井紀公子による論考を参照。

▲写真11
アチョリの
女性が着る洋服
「ゴメシ」

正式な場、特別な
ときに「伝統的な
衣装」として着用
される。もともと
はガンダの正装で
あるが、アチョリ
も洋服の着用が進
む際にこのスタイ
ルを取り入れた

なものを着ます。ウガンダのアチョリ[30]という民族もそうです。その洋服についてはウガンダの主要民族であるガンダの正装「ブガンダ・スタイル」とも言える特徴はありますが、基本は、男性はアラブ男性が着るカンドゥーラとほぼ同じワンピースのような服装で、女性はワンピースもしくはツーピースのドレスです。洋服の影響力の大きさを感じます。

井関●その民族集団にもともと伝統的衣料があったのか、なかったのかが問題ですね。ガンダの人たちは、はじめから樹皮布を巻くワンピース（一枚布）文化ですよ。

坂井●たしかに洋服の前は樹皮布を巻いて装飾品を着けるという装いだったはずです。

山田●ワンピースを着るようになったのは、ヨーロッパの植民地になってからでしょう。植民地期にキリスト教も入って、みんなに服を着せていくから簡単なワンピースになるわけです。しかしそのとき、どこかにはその集団独自のデザインを残していると思いますよ。

井関●たとえば、かつてこんな色の樹皮布を着ていたから、現在のカンバの年寄り世代が好んで着るワンピースの色がそれに似ているとか、そういったことはあると思いますね。

坂井●ガンダやアンコーレなど南部の諸民族はそうですが、アチョリなど北部の民族はまた少し違いますね。樹皮布というよりも動物の皮を使った装いだったはずです。

井関●高地に住んでいる人たちの衣服と、暑い地域に住む人と、誰ともあまり交わらずに牧畜をしてきた皮衣の人たちとでは異なるでしょうね。そもそも皮の文化をルーツに持つ人たちは平気で布を切ります。

---

[30] ウガンダ北部のアチョリ地方から南スーダンにかけてのサバンナに暮らすナイル系民族。

織物文化圏の人たちは布を切らない。装いの文化のルーツを探るときには、まずはなにを素材として最初の衣類にしたかを考える。ヨーロッパは完全に皮の文化圏でしたから、布をどんどん切って、好きなようにダーツを入れたりするでしょう。素材が皮であれば、ダーツを入れないと体に添いません。一方で布の文化圏では、布が体に添ってくれるから切らなくてもいいわけです。

山田●頭だけ出せれば、そのままでいいですものね。

井関●どんな素材を使っていたかということが、服の形態に影響します。もう一つは、布が切れる民族か、布が切れない民族かということも大きい。織物をしている金谷さんが一番わかってくれると思う。自分で織った布は切れないでしょう。

金谷●自分の織った布は切れないです。切りたくないです。

井関●だけど買ってきた布だったら切れる。その文化の違いというのは、民族衣装のルーツを探る根底にあると思う。

鈴木●わかりやすい分類です。腑に落ちましたね。

小磯●目から鱗の説明でしたね。みんなが納得しました。

山田●各地の民族衣装について、素材や染色技術からそのルーツを考えてみることは、装いをめぐる比較文化学のいい入り口になりそうですね。

人はなぜ装うのか

「装い」の起源と多様な展開からみる

山田 孝子

1 「装う」ことの意味をもとめて

「裸のサル」[モリス 1979] といわれるように、体表が毛皮で厚くおおわれる霊長類の中で、人類は唯一の例外となる種である。人類の祖先は、アフリカでの誕生以来、世界中のさまざまな環境に進出する過程で、動物の毛や皮、植物の樹皮や繊維などの自然素材を見出し、身に纏うようになってきた。自然素材の利用から、家畜からのウールや養蚕による絹の採取、さらには繊維植物の栽培化へと素材の調達方法は発展し、染織や縫製、加工の技術も発達してきたが、今日の多様な化学繊維の開発と利用の拡大にみるように、より一層美しいもの、良いものをもとめる人類の装いの衝動は尽きることがない。

より良い「装い」への飽くなき希求は、「絹の道」に示されるように、その素材が国境を越えて取り込まれてきた歴史にもみることができる。日本社会をみても、若者に取り込まれた当初には物議をかもしたジーンズとTシャツというスタイルも、今日ではありきたりの装いとなっている。また、街を行き交う人びとの装いには、素材をはじめ染織、デザインまで、世界のさまざまな民族衣装からの影響が認められるまでとなっている。「装い」の文化はますます国境がないと思えるほど、トランスナショナルな様相を帯びている。

しかしその一方で、世界各地の「装いの文化」——伝統的民族衣装——については、固有性・独自性が認められる。とくに、「動物の皮を鞣す」、「植物の繊維や動物の毛を紡いで織る」などの自然素材の加工技術や、染色および刺繍・アップリケといった布地や皮の装飾などの加工・製品化の方法には、各民族の文化的工夫の歴史をみることができる。また、日本の成人式に振袖や紋付き袴姿が登場するように、伝統的民族衣装は世界各地で特別な装いとして現在でも着用されている。トランスナショナルな装いが席巻する中でも、衣服の装い方には、日常／非日常、宗教性もふくめ、固有の民族性が込められている様子がみえる。

本稿では、「装いの文化」について、とくに①「人類史における衣服の起源と北方進出」、②「衣服の素材」、③「装い方の社会学的意味と変化」という点から文化を超えた共通性を探り、「装い (装うこと)」の意味を考えてみることにしたい。

2 衣服の起源と人類の北方進出

裸化の始まりと衣服の着用の時期

　「裸のサル」となった人類の祖先が「なぜ体毛を失ったのか」という問題について、島泰三 [2018：30-32, 124-137] は、ダーウィンの性淘汰説以来、ルイス・ボルクによる「胎児化（ネオテニー）仮説」、フォン・オイゲン・フィッシャーの「自己家畜化仮説」、デズモンド・モリスの「狩猟仮説」、デビッド・キャリーの「耐久走仮説」など、いろいろな解釈がなされてきたことを紹介している。しかし、実際のところはよく分かっていないといって良いであろう。

　また、「いつ起こったのか」については、分子生物学の方法論を使ってその年代の推定がされてきたことが知られる [山極・尾本 2017：193-194]。人に寄生する3種のシラミであるコロモジラミ、アタマジラミ、ケジラミのDNA分析は、コロモジラミ（*Pediculus humanus humans*）がアタマジラミ（*Peduculus humanus capitis*）から分岐したのが10万7,000年前ごろであり、その二つの祖先がケジラミ（*Pthirus pubis*）から分岐したのが77万年前ごろであるという結果をもたらしている [Kittler, Kayser, and Stoneking 2004: 2309]。ケジラミからアタマジラミの祖先が分岐したのは、人類の裸化が起こり、毛が集中して生える部分が頭髪とそれ以外とに分かれたときとする説がある。さらに、人類が何らかの衣服を着用するようになったことで、アタマジラミからコロモジラミの分岐が起こったという推定がある。それらの説に基づくと、先に述べたDNA分析によれば、人類の祖先の裸化は77万年前に起こり、何らかの衣服着用は10万7,000年前に起こったということになる。

　この約77万年前という年代推定が正しいとすれば、裸化が起こったのは、人類がアウストラロピテクス（猿人）からホモ属へと分岐し、ホモ・エレクトスへと進化の道を歩み始めた初期のころに相当する［ウッド 2014］。また、ミトコンドリアDNAの変異パターンの解析という分子生物学の方法論を使うことによって、現代人（人類学用語で「新人」）は20万年〜10万年前にアフリカに誕生し、その後アフリカを出て世界中に拡散したと考えられている［篠田 2007：39-41］。このため衣服の着用は、現代人の時代に起こったということになる。

なぜ人類は衣服を着用するようになったのか

　20万年前から1万年前は、ユーラシア大陸においては、いわゆる氷河期と間氷期が繰り返された更新世の最後の氷期である「ヴュルム氷期」の時期に相当する。出アフリカを遂げた現代人（新人）はヴュルム氷期という極寒の気候条件への適応が迫られており、衣服の着用は一般に寒冷地適応であったといわれている。たとえば、ロブ・ホスフィールドは、この時期の寒冷地適応が①火の使用、②シェルターの利用、③衣服の利用の順に起こったと指摘する［Hosfield 2016］。

　これに対し、イアン・ギリガンは、生き残るための決定的なリスクという観点から検討し、最大のリスクは低体温症にあり、これを回避する決定的な文化的発明は、火でもなく、シェルターでもなく、衣服であったと指摘し、次のように述べる［Gilligan 2016: 534］。

　　「−10℃で、裸の現代人が死に至るまでの時間は3〜6時間であるといわれる。これは低体温症を防ぐために衣服がなぜシェルターより重要であるのかの理由となる。たとえば、オーストラリアのアボリジニは、衣服なしでも火と初歩的な（簡単な）シェルターによって、中央砂漠地帯で生き残ることができる。そこでは、夜間には気温が−4℃に下がる。現代人が裸でも安全な温度は、−5℃である。先史時代人がもう少し適応能力があったとしても、体感温度−10℃が充分な衣服なしで過ごせる限界である。」

このように、ギリガンは、寒冷地適応における衣服の重要性に着目し、先史時代における衣服の起源と発展について「保温理論（thermal model）」という仮説も出している。

　「保温理論」は衣服の型式に着目した点で興味深い。そのなかでギリガンは、"simple"と"complex"という衣服の違いと、先史時代における石器の変遷や古代の気候変動との関連を検討している。衣服の適切な形やフィット性は熱の放出を最小限にする効果があり、皮をはぎ、カットするだけですむという簡単で「シンプル」な衣服の使用から、皮を縫い合わせてフィット性を良くした「コンプレックス」な衣服の考案へという技術革新が、後期更新世の氷河期における冬

の仕事をよりうまく成功させたのであろうと指摘する［Gilligan 2010: 15-17, 23］。

　石器の実験考古学的研究では、石器こそが毛皮の処理・加工、衣服の制作をしていた証拠であると指摘されてきたが、サハ共和国のヤナ川流域の北極圏旧石器時代ヤナRHS遺跡（約3万1,000年前）からは、マンモスやバッファローの骨で作ったケースに入った縫い針（5～10センチ）と呼べるものが見つかっている。これらは、この時代に毛皮を縫い合わせた衣服を制作して着用していた証拠であるとされている［Pitulko, et.al, 2004: 52-56］。

　出アフリカ後の人類の移動は、北ヨーロッパからシベリア、さらには北アメリカ、南アメリカへと拡がっていったとされるが、上述のような研究から、この大移動を可能にした要因は、人類が寒冷地適応を成し遂げたことだったと考えられる。衣服の起源はまず毛皮の利用にあり、これにより人類は北方進出を成し遂げ、1万5,000年前には陸橋であったベーリング海を越えて新大陸への移動が可能となった。

　こうして寒冷地適応から出発した人類の「装い」はその後、灼熱を遮断する工夫からなるサハラ砂漠の遊牧民ベルベル人の「装い」など、各地の環境条件に合わせた多様な機能・形態をもつものへと進化していったのである。

人類の北方進出と大移動を可能にした衣服

　具体的に、人類の北方進出と大移動を可能にしたのは、どのような衣服であろうか。民族学者のフレデリカ・デ・ラグーナによると、歴史学者のグドムンド・ハット（Gudmund Hatt）は1914年の論文で、北極地方における衣服の発展を考える上で、衣服には二つの原型があったと指摘している［de Laguna 1994: 22-28］。一つはポンチョ型の長衣、三角形の前あて（脚絆がつくことでパンツとなる）、ストッキングとサンダル、またはサンダルブーツがセットとなったタイプAで、もう一つが、外套型長衣（袖あり、または袖なし）に腰布（のちにパンツに発展）、モカシン（北米先住民に一般的にみられる柔らかい皮の短靴）がセットとなったコンビネーション型のタイプBである。

　ポンチョ型（タイプA）はチュクチ❶の女性の衣服に典型的にみられ、ハンティ・

❶ シベリア北東端のチュコート半島に住み、伝統的にはトナカイ牧畜を生計とし、遊牧生活を送ってきた民族。ソビエト連邦時代の定住化政策により、定住生活を送るようになる。

マンシ❷、サモエード❸、コリヤーク❹、さらにはグリーンランドやアラスカ、シ
ベリアのエスキモー❺にもみられる。ただし、セントラル・イヌイットではみら
れず、グリーンランド・エスキモーにおいても、カヤックに乗るときに限っては
コンビネーション型のスーツ（タイプB）を着用していた。

　西シベリアのハンティのキャンプ地で特別な衣装として大切に保管されてい
た毛皮の衣服は、ポンチョ型の上衣に、パンツ、ブーツがセットとなっていた（タ
イプA：写真1）。一方で、デンマークの国立博物館には、カナダのセントラル・イ
ヌイットと共通する、グリーランド・エスキモーのシャツ（上衣）と腰布が一体と
なったコンビネーション型の衣服にブーツ（タイプB：写真2、3）が展示されていた。

　つまり、より寒さが厳しい北方環境のもとでは、外套型上衣、ズボン、短ズボ
ンに脚絆（レギンス）、長靴、さらに手袋と、身体をすっかりおおう毛皮を利用した
「装い」が日々の生活に必須であったことが分かる。しかも、汗で湿った衣服は
保温効果がなく、低体温症を引き起こしやすいとされ、北方環境での活動では発
汗をうまく処理することも生存上不可欠となる。イヌイットの人たちが素肌に
毛皮のコンビネーション型衣服を着用していたのは、発汗をうまく処理するう
えでそれが有効だったからだと考えられる。実際に、カリブーの毛皮には効果的
な保温性能があり、カリブーの毛皮で作った2層の服装一式は4層からなる織
物で作った服より保温効果が高いという研究報告もある［Stenton 1991: 6-10］。

　グリーランド・エスキモーやイヌイットが着ていた体にフィットした袖あり
コンビネーション型衣服は、最も寒冷地に適応した装いであることが分かる。縫
い針を考案した現代人（新人）はこのような衣服を生み出すことによって寒冷地に

---

❷ ハンティとマンシはともに西シベリアのオビ川流域に住み、トナカイ飼育、狩猟、漁撈、採集を主
　生計としてきた民族で、よく似た文化をもつため、「ハンティ・マンシ」とまとめられることが多い。

❸ 西シベリアからヨーロッパ・ロシア北部にかけて広く分布し、ウラル語族サモエード語派の諸言語
　を使用する民族の総称。西シベリア北辺のツンドラ地帯に住み、遊牧型のトナカイ飼育を行うツ
　ンドラ・ネネツが有名である。

❹ ロシアのカムチャッカ州北部コリヤーク自治管区に暮らす人々。沿岸部で生活する集団は定住し
　て漁撈に従事するが、内陸部に生活する集団は伝統的にトナカイ遊牧と狩猟を営んできたことで
　知られる。

❺ 東シベリアのチュコート半島のベーリング海沿岸地域に住む海獣狩猟民。アジア・エスキモーと
　して知られるが、シベリア・ユピックと呼ばれるように、アラスカのユピック・エスキモーと同じ
　言語集団に属す。

◀ 写真1
博物館に展示されていた
ハンティの女性用上衣
女性用上衣には、トナカイの毛
皮が3枚必要という
〈ロシア共和国ハンティ・マン
シ自治管区、スルグートにて〉

▶ 写真2
グリーンランド・エスキモーの
コンビネーション型スーツ
女性用〈右〉

▶ 写真3 少女用〈左〉
いずれも19世紀中ごろに西グリー
ンランドで収集されたもの
〈デンマーク国立博物館の展示から〉

適応し、北方進出と大移動を可能にしたのである。

3 多種多様な自然素材の発見と加工技術の開発

皮を利用した衣服の着用を開始した人類は、その後どのような素材を見出し、「装い」を進化させてきたのであろうか。とくに自然素材に焦点を当て、「装い」の進化と発展を考えてみることにしたい。素材には動物性か植物性かという種類があり、それぞれに応じた加工処理の技術が工夫されてきた。加工処理技術は、①「毛皮や樹皮などを柔らかくし、切断して利用する」ものと、②「繊維を取り出して織る」ものの二つに大別できる。素材の発見は、いかにしてそれを纏うものへと変えるのか、それを染色するのかしないのか、するのであればいかに染めるかという技術の発展をもたらし、今日にみる装いの文化の多様性が生み出されてきた。ここでは、素材の発見の歴史を振り返ってみることにしたい。

動物性素材の多様な利用法

動物性素材の利用は、毛の利用と皮の利用とに大別でき、その歴史は、毛皮の利用から始まり、野生動物の家畜化（ドメスティケーション）の開始とともに、ウール、絹の利用へと発展してきたとまとめることができる。北方狩猟民においては、アザラシ、ビーバー、テン、ミンク、ウサギ、ラッコ、カリブー（トナカイ）、ムースなどの野生動物の毛皮を鞣し、加工して仕立てるという衣服の自給自足の生活が近年まで行われてきた。またアイヌでは、サケの皮が利用されてきたことも知られる。

家畜の中には、ウシ、ブタのように皮革が利用されるものもある。一方、ヒツジの家畜化の起源については諸説があり、11,000年前以降に南西アジアにおいてヒツジやヤギの家畜化が進んだとも言われるが［Chessa *et. al.* 2009: 532］、ヒツジやヤギの家畜化は、その後の新たな素材であるウールとカシミアの利用という画期的な革新をもたらしてきた。カイコガの繭からとった繊維（絹）の利用も、本書の井関和代論文が述べるように、その起源は7,000年以上前に遡る可能性がある。

今日でも、ウールは絹とともに衣服に利用される主要な動物性素材の位置を占め、ヒツジ、ラクダ、パシュミナヤギ、アルパカなどの毛は、刈り取られた後、

紡いで糸にして、布に織る、あるいは編むなどの加工によって衣服に製品化される。また、毛を濡らしたあと、叩いたりもんだりして縮絨（縮重）させたフェルトにして利用される。動物の皮の利用では、内皮の脂肪の除去、鞣しという処理が必要となる。

　現代の産業化社会においては、素材の処理・加工を眼にすることはあまりないといって良い。しかし、自給自足の生活を送るカリブー・ハンターであるチペワイアン❻の人びとにとっては、衣服は毛皮の調達から加工まで家族の中で協力して行うものであり、秋から冬の狩猟シーズンには毛皮処理のために多くの時間を割いていたことが知られる［Irimoto 1981: 124-126］。

　たとえば、ムースの皮の加工処理は次のように行われていた。①皮を水につけてから、毛をナイフで取り去る。②木枠を作り、皮を拡げてそれにくくりつけ、皮の内側の脂肪と外側の柔らかい組織を、皮に傷をつけないようにスクレーパーでこすり取る。この後、③鞣し作業となる。皮を鞣す際には、ムースの脳髄を皮にすりつける。ムースの脳髄が得られない場合は魚の内臓を利用するというが、ムースの脳髄のほうが適している。④鞣した後に、防水性をもたせるため、カラマツを燃やした煙で1回目の燻煙を行う。その後、⑤乾燥と脂肪などのさらなる削り取りを行いながら柔らかくし、2回目の燻煙を行って、皮の処理は完了となる。

　カリブーの皮はムースより小さく薄いので、もっと楽であるという。毛を刈った後、皮の内側の脂肪と外側の組織を削り、鞣して柔らかくし、最後にカラマツを燃やした煙でいぶして完了となる［Irimoto 1981: 110-113］。サーミ❼の間でも、同じようなトナカイ皮の内側の脂肪の処理がみられた（写真4）。

　1970年代のチペワイアンの生活では、カリブーやムースの皮を衣服として利用することはほとんどなくなり、モカシンやミトン（写真5）として利用していた。その他にも、紐、糸、容器、バッグ、銃袋、犬の固定ベルト、掛布、スノー・シュウ

❻ カナダのサスカッチュワン州北部の北方森林帯に居住し、狩猟、漁撈、採集により生計を維持してきた先住民で、ナ・デネ語族（アサバスカン）のチペワイアン語を話す。日本語で「チペワヤン」とも表記されるが、日本人として初めて調査研究を実施した煎本に準拠し［煎本 1996: 83］、「チペワイアン」を民族名として使う。

❼ スカンジナビア半島北部、ノルウェー、スウェーデン、フィンランド、ロシアの各国にまたがる地域に暮らしてきた人々で、ウラル語族フィン・ウゴル語派のサーミ諸語を話す。フィヨルド沿岸部や大きな河川沿いに住む人々は漁撈を、それ以外の多くはトナカイの牧畜を主な生業としてきた。

▲写真4
皮を鞣し、柔らかくするために、トナ
カイの内皮の脂肪を削るサーミの女性
〈ノルウェー、カウトケイノ〉

▲写真5
チペワイアンのカリブーの毛皮製のミトン
〈煎本孝収集品〉

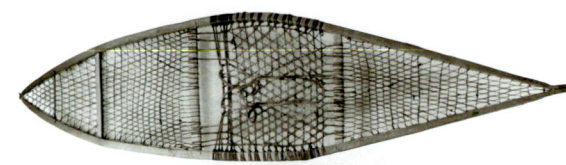
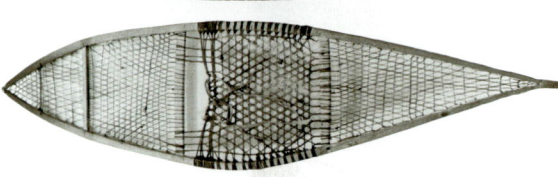

▶写真6
チペワイアンのスノーシュウ
カリブーの皮を利用して
ネットを編む〈煎本孝収集品〉

（かんじき）に張る網（写真6）など、さまざまな道具に加工、利用されていたことが知られる［Irimoto 1981: 113-117］。

一方、1980年代のラダックでは、それぞれの家庭で、刈り取った羊毛をもとにゴンチャ（gon cha）❽と呼ばれる着物（写真7）を仕立てていたのを眼にした。刈り取ったヒツジの毛の汚れを丁寧に取り、毛梳き器で毛並みをきれいに梳き、糸に紡いで布に織っていた。家族全員分のゴンチャを仕立てるのに必要な糸を用意するのは主婦にとって大変な仕事で、彼女たちは暇をみつけては羊毛を紡ぎ、必要な糸の準備に精を出していた（写真8）。1980年代のラダックでは、機織りは専門職となっており、織機をもった職人が村々を訪れ、家の軒先で布を織っていた（写真9）。織られた一着分の布は染屋で染め、ゴンチャに仕立てられていたが、自

❽ ゴンチャは男性と女性とでスタイルが異なり、女性のゴンチャはウエスト部分にギャザー（絞り）が入るのが特徴である。

◀写真7
ラダッキ女性の装い
左が既婚女性のゴンチャ、右が未婚女性のチベット風ゴンチャ。中央は筆者

◀写真8
羊毛を紡ぐラダッキの女性
家族全員のゴンチャ用の糸を準備するために、暇をみつけては梳毛（そもう）を紡ぐ。さらに糸繰車を使って数本がより合わされて、織り糸にされる

◀写真9
ラダッキの機織り
組立式で移動可能な織機をもって、職人が家々を回る。一着分ごとに織られた布は、染屋でたいていえび茶色に染められ、仕立て屋でゴンチャに仕立てられる

前のウールで仕立てたゴンチャは暖かく、冬の生活には欠かせないとラダッキは語るのであった。

植物性素材探求の歴史

では、植物性素材はどのように開発、利用されてきたのであろうか。野生植物の利用から繊維植物の栽培化への転換は古くから始まっており、木綿、亜麻、大麻、ワタなどが原産地から世界中に拡散し、栽培され利用されていった歴史がある。本書の井関論文でも詳しく取り上げられているので、植物性素材の種類と栽培化については簡単に触れるにとどめたい。

麻類やワタなどの栽培化以前の植物性素材の利用例としては第一に、木本の樹皮を叩いて柔らかくした樹皮布の利用を挙げることができる。ポリネシアの島々では広くカジノキ❾が植栽されるが、その樹皮を叩いて延ばし、タパと呼ばれる樹皮布を作り、腰布として利用していたことが知られている。

第二には、野生の草本や木本樹皮の内皮繊維の利用があるが、これには織機を使って「織る」という技術が伴っている。たとえば、アイヌはイラクサ科エゾイラクサ❿の茎、ニレ科のオヒョウ⓫やハルニレ⓬の樹皮の内皮からとった繊維を織ってアットゥシという着物を作ってきたことが知られる（写真10）。またミクロネシアのプンラップ島においても、自生するオオハマボウ⓭、リュウキュウイトバショウ⓮の繊維で腰布を織っていた（写真11）。リュウキュウイトバショウは琉球王国時代に沖縄に伝播し、そこでも布が織られてきた。

最も古く栽培化が始まった植物の一つとしてアマ⓯が知られる。カフカス地方から中東にかけてが原産地で、紀元前7000年頃には、エンマコムギやオオム

---

❾ 学名は*Broussonetia papyrifera* L.、クワ科の木本植物。

❿ 学名は*Urtica platyphyla* Wedd.、イラクサ科の草本植物。アンデルセンの童話にもイラクサ（*Urtica dioica* L.）から糸を紡ぐ場面が登場する。

⓫ 学名は*Ulmus laciniata* (Trautv.) Mayr、ニレ科の木本植物。

⓬ 学名は*Ulmus davidana* Planch. *var. japonica* (Rehd.) Nakai、ニレ科の木本植物。

⓭ 学名は*Hibiscus tiliaceus* L.、アオイ科の木本植物。

⓮ 学名は*Musa balbisiana* Colla.。バショウ科の植物で、東南アジアからミクロネシア、ポリネシア西部まで分布。日本では、偽茎から繊維を取り出して芭蕉布を織る。

⓯ 麻類。学名は*Linum usitatissimum* L.、アマ科の草本植物。

▲写真10
アイヌのアットゥシ
アイヌに特有の文様がついたアットゥシは祭りなどの
儀礼で着用された。オヒョウの樹皮製、昭和初期収集
〈北海道大学植物園・博物館蔵〉

▲写真11
プンラップ島の機織り
オオハマボウとバナナの繊維を水平機を利用して織り、腰布とする

ギの栽培とほぼ同時に栽培化されたといわれる。そこから取り出された繊維による織物 (リネン) はエジプト、バビロニア、フェニキアなどの古代文化において用いられていた。日本でも麻類の栽培は古くから始まり、少なくともタイマ[16]およびカラムシ[17]の２種は紀元前に栽培されていたといわれる [堀田・緒方他 2002：1131]。

ワタ[18]の産地は世界各地に広がっており、栽培の起源の詳細はよく分かっていない。インドでは古くから栽培されていた記録があり、ヨーロッパには、アレクサンドロス大王の東征 (B.C.334年) によって種子がもたらされたという説と、アラビア商人によって伝えられたという説がある。南米では、ペルーで B.C.1500年ごろ、中米でも B.C.632年ごろに利用されていた記録がある。中国には後漢の57－75年ごろにインドからもたらされたといわれる。日本では、ワタの初めての栽培は桓武天皇の時代の799年とする記録があるが、本格的な栽培は16世紀に入ってからとされる。なお、世界のワタ作付面積の70％を占め、栽培上もっとも重要とされるワタの品種は、B.C.3500年頃のものとされるメキシコの遺跡からの発掘例があるリクチメン (アメリカ綿とも呼ばれる) である [堀田・緒方他 2002：495]。

麻、木綿、ウール、絹などは、自然と調和するやさしい素材として、現在でも衣類に欠かせない位置を占めている。それらに加えて今日では、ナイロンやポリエステル、リヨセル[19]など、多種多様な繊維も開発され、衣服の素材となっている。最低限の身体保護の機能を果たしうる衣服を獲得しても、人びとは素材の発見・開発を続け、染色や縫製の技術を進化させ、さらにはデザインのバリエーションを拡げてきた。こうした行動の源泉となったのが、人びとが本来もっているより良いもの、美しさへの希求だったのではないかと考えられる。

---

[16] 学名は*Cannabis sativa* L.、アサ科、アサ。中央アジア原産の一年草。古くから繊維をとるために栽培。B.C.20世紀には中東で栽培していたことが知られる。日本には中国から渡来し、弥生時代にはすでに栽培されていたらしい [堀田・緒方他 2002：210]。

[17] イラクサ科の草本植物で学名は *Boehmeria nivea* L.、チョマとも呼ばれる。中国では古くから栽培されており、日本では広く野生化している。カラムシと近縁の植物ヤブマオ (*Boehmeria japonica* Miq. var. *longispica* (Steud.) Yahara) からも繊維をとって布にしていた。

[18] 学名は*Gossypium* spp.、アオイ科の草本植物。

[19] 植物を溶解して作る繊維の一つ。オーストラリアの会社が「テンセル」という商標で製造・販売していることで知られる。

4 社会的記号として機能する「装い」

　たいていの社会では、日常的な普段着と、儀礼の場に応じた特別な装い──たとえば「ハレ」または「ケ」の装いというように、時、場所、場合というTPOに応じての装いを、文化の規範として創り出してきた。また「装い」は、年齢、ジェンダーや社会階層、職業、宗教の違いによって異なることも多い。その社会の一員であれば、纏っている衣服によって相手がどんな人物なのか、彼らの社会性、さらには何が行われようとしているのかが分かるというように、「装い」はその文化において暗黙の裡に了解しあえる記号としての役割をもってきたということができる。

時代とともに変化し続ける「装い」の記号性

　「装い」は、記号としての役割を担いながらも時代の変化の影響を受けやすい。たとえば、「子供服」というカテゴリーのもとで「子供らしい」服装がある程度規範化されていた時代もあったが、今日では、子供服は大人服のコピーそのものになるとともに、「年相応の服装」という観念も薄れ、年齢による服装の違いは少なくなっている。また、ジェンダーによる服装の固定観念にも変化がみられ、ユニセックスの服装を身に着ける人も多くなり、「男っぽい」服を選ぶか「女っぽい」服を選ぶかについて、個人の自由度がかなり高くなっている。しかし、「装い」は時代によって変化しながらも、新たに帯びた記号を社会に定着させていく働きをもち続けている。

　たとえば、歴史を振り返ってみると、日本人の「装い」は古代から中世、近世へと緩やかに変化し、和装そのものの型式(様式)が変容してきたことが分かる。とくに明治以降の装いの変化は著しく、髪が髷から断髪に、着るものは和装から洋装の導入へと大きく変容した。洋装は時代のモダニティの表象として社会を牽引する役割を果たしていたともいえるが、戦後になると、「装い」の洋装化は一層広範囲に進んできた。筆者が子供の頃に目にした「きもの」の洗い張り作業も、市中で目にしなくなって久しい。一方、現在では、工場の作業服として着用されていた「つなぎ」がファッションとして仕事場以外でも着用され、観光地での人力車の登場で「車夫」のいでたちが復活するのをみる。

このような「装い」の時代変化をみると、何をもって日本人の「伝統的衣装」とするのかという答えはみつけにくい。しかし、冠婚葬祭、お宮参り、入学式・卒業式といった特別な場では、それぞれに応じた「きもの」という装いをいまだにみることができる。振袖、留袖、喪服、紋付き袴といった和装は、今日の日本社会においても、現状では「伝統的衣装」として了解されているものということができよう。

　グローバル化、トランスナショナル化が進む中でも「きもの」が日本の「伝統」とみなされ、生き残っているのと同様に、それぞれの民族文化においても、「伝統的」装いの文化が温存されている。ここからは、「装い」の変化が進む中での「伝統的」装いの維持の事例を取り上げながら、記号としての「装い」の意味を考えてみることにしたい。

プンラップ島民の装い ── 変化と伝統の維持

　ここで検討するミクロネシアのプンラップ島の事例は、1976年の調査にもとづくものである。当時のプンラップ島の日常的な装いでは、市販の布を、女性であれば腰布、男性であれば褌として利用していたが、島に自生するオオハマボウやバショウの繊維を織った腰布（写真12）もまだ使われていた。1931年（昭和6年）か

▲写真12　プンラップ島の女性の装い
オオハマボウの繊維で織った腰布を着用

▲写真13　モエン島の女性の装い
ムームー風のワンピースを着用

ら7年間、プンラップ島から遠くないサタワル島に滞在した土方久功は、イチビ（オオハマボウ）の繊維で織った腰布をつけているだけで、上半身は裸体で畑に出向く女性の様子を報告しているが［土方 1974：70］、ここに描かれる女性の装いは40数年後のプンラップの女性の装いにほぼ変わらず維持されていたのであった。

　ただし、1976年当時、トラック諸島の中心地のモエン島では、女性たちはムームー風のワンピース（写真13）、男性はシャツとズボンという装いとなっていた。この地域はドイツの植民地となり、第一次世界大戦後には日本領土の南洋群島となるが、ドイツの植民地時代には宣教師によるキリスト教徒化が進められ、プンラップ島にも小さい教会がある。プンラップ島をはじめ東カロリン諸島の島々では、キリスト教徒化とともに、ハワイや他のオセアニアの島々と同じように、腰巻だけのスタイルに代わってムームー風のワンピースが女性の服装として奨励されたという。

　プンラップ島の人たちは、モエン島などに出かけるときには女性はワンピース、男性はシャツとズボンというスタイルをとっていたが、島内の生活では女性は上半身裸で腰布、男性は上半身裸で褌というスタイルで暮らしていた。行政首長を担っていた若手の男性は、アメリカの信託統治領になってから、自分たちのアイデンティティの表現として、島内での「装い」を女性の腰布と男性の褌とすることに決めたと語っていた。

　調査中に遭遇した、近隣のプルワット島、タムタム島からの島民が一堂に会した交流大運動会⑳前日の盛大な歓迎会では、プンラップ島と他島からの女性たちは伝統的な正装を身に纏い、歌と踊りを披露しあった。その装いは、伝統的文様を織り込んだ腰布に、その上から割いたココヤシの新芽ウプット㉑（upwut）を腰

---

⑳ 1976年8月17日に、プルワット島民は12隻の双胴型カヌーに分乗してプンラップ島に到着する。8月18日にはタムタム島民が70名到着する。プルスク島民も参加する予定であったが、風の向きが悪く、参加できなくなった。8月20日の歓迎会では、プンラップ島の女性によるダンスから始まり、プルワット島の女性、タムタム島の女性のダンスへと競演が続き、歓迎会は終了した。8月21～22日には交流大運動会が開かれ、23日にはプルワット島、タムタム島の人たちはプンラップ島を後にした。

㉑ オセアニアには、相手を魅了し自分の思い通りの結果を得られるようにするという、いわゆる「恋の呪術（love magic）」が広くみられるが、東カロリン諸島においてもこのような呪術的観念がある。ウプットやレイとしてかける花輪には恋の呪術という意味が込められている。

▲写真14　ブンラップ島の女性のダンス時の正装
木綿製の腰布のうえにココヤシの新芽の薄い表皮
を巻きつけ、腕、足にもココヤシの新芽の表皮を
巻く。頭には花輪（レイ）、頸にはビーズの首飾り、
ほおにはウコンなどの色粉で文様を描く

▲写真15　カムパの女性の装い
中国、四川省カンゼ・チベット族自治州ニャロン
県で出会った女性たち

▲写真16　ニューヨーク在住チベット人のパレード
ダライ・ラマ14世の誕生日を祝い、伝統的衣裳の姿で祝賀会会場に向かう

巻風につないだものを巻き、脚と両腕にも結びつけた姿である（写真14）。さらに、芳香の良い花をつないだ花輪をレイのように頭に被り、首にかけ、頬にはウコンで文様が描かれていた。これは女性の伝統的なダンスの正装といえるものであるが、1931年のサタワル島の女性のダンスの装いの描写［土方 1974：239］と変わらないものであった❷❷。男性は褌スタイルに花輪を頭に被り、首にもかけていた。

　島同士の交流の場での女性たちの装いからは、歌や踊りの違いに加えて、島ごとに異なる腰布の文様によってそれぞれの「島らしさ」を表現し、競い合っている様子がみられた。島内での装いの伝統の維持、島外での地域共通の装いの順守というように、機会に応じて装い方を使い分けながら、島の人びとは、伝統を守り島民性を維持することと現代的に暮らすこととの折り合いをうまくつけて暮らしていたのである。

集団のアイデンティティの表出となる「装い」

　プンラップにおいて島民がしていたように、アイデンティティとして装いの伝統を保持しようとする営みは、世界的にみて例外的な事例ではない。マジョリティ－マイノリティ関係の中で、民族性の強い主張として「装い」が取り込まれる事例は、各地でみることができる。

　たとえば、カムパ（カム地方チベット人）の女性は一目みればカム出身であることが分かる装いをし（写真15）、ニューヨーク在住のチベット人は、特別な催しの際には必ず伝統的衣装を纏ってニューヨーク市中を行進する（写真16）。彼らのチベット服の装いは、アメリカ社会に向かってチベット人の存在を誇示する媒体となるとともに、彼ら自身にとってもチベット人としてのアイデンティティの確認となっている。また、東シベリアのサハ共和国に暮らすサハ❷❸の人びとは、ソビエト崩壊後に伝統文化復興運動を強力に進めてきたことで知られるが、彼らは衣装箱に保管してきた伝統的衣装を身に纏って、復興された伝統的ウセフ

---

❷❷ サタワル島においても、ウプットが恋の呪術やさまざまな祓いといった呪術的行為に用いられることが報告されている［土方 1974：92, 110, 114, 154］。プンラップ島でも、ココヤシの新芽は生命力を象徴し、呪術的力があるとされていた。

❷❸ ロシア連邦のサハ共和国の主要な民族。レナ川流域に暮らし、かつてヤクートと呼ばれ、チュルク語系のヤクート語を話し、ウシ・ウマの牧畜と狩猟、漁撈等を主要な伝統的生計としてきた人々。

▲写真17
**東シベリアの
サハの復興された伝統的装い**
夏の夏至祭りに伝統的正装で
参加するサハ〈中央〉。1990
年代の初め、祭りに参加してい
た人びとは、衣装箱の底に保管
していた衣装を取り出して着
てきたと語っていた

◀写真18
**ローカリティを明示的に
表出するサーミの伝統的衣装**
伝統的衣装に身を包み、ノルウェー
北部、フィンマーク地方に設立され
たサーミ議会に参加するカウトケイ
ノ地方出身の男性議員

祭り⓴に参加していたのであった(写真17)。

　ノルウェー北部に暮らすサーミの人たちをみても、伝統的衣装は民族性を主張する強い媒体となっている(写真18)。彼らは、アルタダム建設反対運動㉕では敗北したが、1989年にサーミ地方における自治権を伴うサーミ議会の開設を実現し、世界の先住民運動を牽引してきた民族である。サーミの人びとは居住地域ごとの言語・文化の違いが大きく、「装い」にも地域性が表われることが知られるが、選出された議員がそれぞれの地域の伝統的衣装を着てサーミ議会に出席する場に居合わせたことがある。その伝統衣装は、カウトケイノ出身、カラショック出身といったローカリティの表出ともなっていた。サーミの人たちは、伝統衣装の着用をとおしてサーミ性およびサーミ地方のローカリティを明示的に表出するのである。

　一方、ラダックのように、「装い」がアイデンティティの表出として緩やかに取り込まれていった事例もある。1983年に初めて訪れて以来2017年まで継続的に訪れているラダックやザンスカール地方では、「装い」が変容しつつも、「伝統」の維持が図られてきた様子をみてきた。

　たとえば、ラダックやザンスカール地方には、既婚女性は既婚の証であると同時に財の誇示ともなる「ペラック」と呼ばれるトルコ石を縫い付けた頭飾りを必ず身に着けるという伝統があった [山田 2009: 69-70]。1983年当時、ザンスカール地方の村では、既婚女性はまだ「ペラック」を着けて、ゴンチャを着るという装いが維持されていたが、ラダックの中心地レーでは、既婚女性の装いはすでにペラックではなく山高帽をかぶりゴンチャを着るものに変わっていた。しかし、今日では、ペラックをかぶった既婚女性の伝統的な正装は、ラダック伝統舞踊の衣装として維持される(写真19)。

　また近年では、既婚未婚を問わず女性の装いはインド風のシャロワーズ・カミーズ(サルワール(スルワール)・カミーズ)が一般的となり、ゴンチャも既婚女性の日

⓴夏至祭り。厳しい寒さが終わったことを祝う伝統行事。馬乳酒ができる時期に行われることから「馬乳酒の祭り」とも呼ばれる。

㉕1970年代後半にノルウェー北部フィンマーク(Finnmark)のアルタ川流域に水力発電ダムの建設計画が持ち上がった。これに対してこの流域をサケ漁やトナカイの遊動域として利用するサーミが起こした、オスロの国会議事堂の前でのハンガーストライキなどの建設反対運動。

常的な装いというよりも「晴れ着」となっている。1980年代にはごくまれにしか目にしなかった未婚女性のジーンズ姿も、2017年にはレーの町で普通にみかける未婚女性の装いとなっていた。

　もちろん男性のシャツとズボンのスタイルは1980年代にすでに普及していたが、男性はいわゆる晴れ着としてはシャツとズボンの上からゴンチャを羽織るスタイルとなっていた。今日では、ゴンチャは男女を問わず伝統的な装いとして、儀礼や祝いなど特別な機会、あるいはラダッキであるという民族的アイデンティティを表出する場での着用が一般的となっている。

　グローバル化のもとで、ジーンズにTシャツといった、日常的にはどの地域においてもあまり変わらない「装い」をみるようになっている。しかしその一方で、「伝統的な衣装」が時代ごとに再生産されながら、民族性やローカリティ、ジェンダーといったアイデンティティの表出という記号的役割を現在も変わらず果たしている様子を、広く認めることができる。

5 「装い」とは何か——美と機能の希求とアイデンティティの表象

　寒冷地適応を起源とする「装い」の発展の歴史は、様々な素材が加工技術の発達を伴いながら原産地から広範囲に伝播し、トランスナショナルに世界中を席巻してきた壮大な物語である。この歴史の展開こそが、人びとが「装い」に機能

と美を求め、より良き素材を得ようと探し続けてきた証そのものであり、その探求は現代でも続いている。つまり「装い」の歴史とは機能と美を求める動態であり、その飽くなき希求が境界を越えた伝播・拡散を後押ししてきたといえる。

その一方で、「装い」の記号としての意味もまた、現代に引き継がれている様子をみることができる。私たち日本人にとっては洋装が当たり前となり、ユニセックスの衣服も広がってきている。しかし、上田学による「年齢・性別不問、服装は自由、LGBT成人式を開催へ」という朝日新聞デジタルの記事（2018年8月3日付）の存在は、「性別を問わず、服装も自由」と声高に主張しなければならないほど、日本のとくに儀礼の場においては、いまだに年齢・性別による服装の規範が根付いていることを表している。

また結婚式、成人式などで和装をする行為には、「日本人としての装い」をしてみたいという願望も見え隠れする。これは民族性といえるものかもしれないし、同じ着物にしても、加賀友禅や京友禅というように、ときにはローカルな地域性も表わされる。

インドを旅していると、各地の装いの違いに気づくことが多いが、本書の鈴木清史の論考が述べるように、アボリジニの人たちの間でも、都市アボリジニと各地方のアボリジニとで、異なる地域性が衣装に表出される。「装い」は、今日もなお私たちの「何者だ」ということを表現する手段、記号の一つであり、必ず何らかのアイデンティティが結びついている。身体を保護するという無視することのできない生理学的な役割に加えて、社会的記号として自らと集団のアイデンティティを表象し、さらには美の表現として、人びとは装うのだといえよう。

参考・参照文献

Chessa, Bernardo, *et. al.* (2009) "Revealing the History of Sheep Domestication Using Retrovirus Integrations," *Science* 324 (5926): 532-536. [http://science.sciencemag.org/ on December 8, 2018]

de Laguna, Frederica (1994) "Some Early Circumpolar Studies," in: Irimoto, T. & T. Yamada (eds.), *Circumpolar Religion & Ecology: An Anthropology of the North*, Tokyo: University of Tokyo Press, pp. 7-44.

Gilligan, Ian (2010) "The Prehistoric Development of Clothing: Archaeological Implications of a Thermal Model," *Journal of Archaeological Method and Theory* 17(1): 15-80.

Gilligan, Ian (2016) "Clothing and Hypothermia as Limitations for Midlatitude Hominin Settlement during the Pleistocene: A Comment on Hosfield 2016," *Current Anthropology* 58(4): 534-535.

Hosfield, Rob (2016) "Walking in a Winter Wonderland?—Strategies for Early and Middle Pleistocene Survival in Midlatitude Europe," *Current Anthropology* 57(5): 653-682.

Irimoto, Takashi (1981) *Chipewyan Ecology: Group Structure and Caribou Hunting System*, Senri Ethnological Studies, No. 8, Osaka: National Museum of Ethnology.

Kittler, Ralf, Manfred Kayser & Mark Stoneking (2004) "Erratum Molecular Evolution of Pediculus humanus and the Origin of Clothing," *Current Biology* 14: 2309.

Pitulko, V. V. *et.al.* (2004) "The Yana RHS Site: Humans in the Arctic Before the Last Glacial Maximum," *Science* 303 (5654): 52-56.

Stenton, Douglas R. (1991) "The adaptive significance of cariboo winter clothing for arctic hunter-gatherers," *Études/Inuit/ Studies* 15(1): 3-28.

煎本孝(1996)『文化の自然誌』東京：東京大学出版会。

上田学(2018)「年齢・性別不問、服装は自由　LGBT 成人式を開催へ」朝日新聞デジタル〈https://www.asahi.com/articles/ASL825G4VL82UBQU00W.html〉

ウッド、バーナード(2014)『人類の進化——拡散と絶滅の歴史を探る』馬場悠男訳、東京：丸善出版。

篠田謙一(2007)『日本人になった祖先たち——DNAから解明するその多元的構造』東京：NHK 出版（NHK ブックス）。

島　泰三(2018)『はだかの起原——不適者は生きのびる』東京：講談社（講談社学術文庫）。

土方久功(1974)『流木——ミクロネシアの孤島にて』東京：未来社。

堀田満、緒方健、新田あや、星川清親、柳宗民、山崎耕宇［編］(2002)『世界有用植物事典』（オンデマンド版）東京：平凡社。

モリス、デズモンド(1979)『裸のサル——動物学的人間像』日高敏隆訳、東京：角川書店（角川文庫）。

山極寿一・尾本恵市(2017)『日本の人類学』東京：筑摩書房（ちくま新書）。

山田孝子(2009)『ラダック——西チベットにおける病いと治療の民族誌』京都：京都大学学術出版会。

更紗がつなぐ装いの文化

インドからヨーロッパ、アフリカ、そして日本

井関 和代

周知のように「衣」は、「食」、「住」とともに生活文化の中心的要素であった。古代染織技術史の研究分野では、主に「衣料」に用いられた繊維素材によって地域の区分をし、ナイル河流域では亜麻、チグリス・ユーフラテス河流域では羊毛、インダス河流域では木綿、また黄河・長江流域（中原）では絹・麻の文化圏を形成したとされる。

　ヒトが、動物の皮や樹木皮、魚の皮といった「皮の衣料」の使用から、特定の獣毛や野生植物、また原始的半栽培植物から得る靭皮繊維を採って、それを結ぶ・撚るなどをして糸にし、編む・織るなどによって作る「布の衣料」を使用するように変わったのは、新石器時代からとされる。

　本稿では、とくに先史時代からの布の利用、布をめぐる東西交易という視点からの装いの比較文化をもとに、インドからヨーロッパ、アフリカ、日本と大陸、国境を越えたつながりを明らかにする。

1 先史時代にさかのぼる布の利用の起源

　しかしながら、発見される古代の繊維製品は、そのほとんどが凍土や砂漠地帯に残されたものである。土に埋もれた布は、土壌の成分や地中温度、湿気などの影響を受けるため、その残存は少なく、現在、見つかっている最古の「布」は、エジプト文明の新石器時代のファイユーム遺跡から出土した紀元前4200年頃の麻

▲写真1　ベニハッサンの壁画のシリア人　　▲写真2　ベニハッサンの壁画のエジプト人

エジプト・中王国時代（紀元前2050〜紀元前1780頃）のベニハッサンの壁画には、当時のエジプト人の農耕や手工業の様相や各国からの訪問客などが描かれている。鮮やかな色彩の衣装を纏うシリア商人の姿〈写真1〉と、当時のエジプトの人びとの白い麻布製の腰布姿〈写真2〉とは「衣装比較の資料」となる

布であるとされている［角山 1968：15］。

　メソポタミア文明からの古代の繊維資料の出土は少なく、繊維に撚りをかける紀元前4000年代の土製錘(つむ)や、土器づくりに用いられた粗い麻布などが見つかっているが、文様のある布の出土は僅少である。しかし、紀元前2000年頃のバビロニアは、ウールと穀物と植物油の大産地として繁栄し、交易で訪れたエジプトの地にその衣料の様相を残している。

　例えば、エジプトの中王国時代（B.C.2050〜B.C.1780頃）の豪族の墳墓・ベニハッサンの壁画には、文様表現の一つ「綴れ織」と考えら

▲写真3　インダス神官像
1927年にモヘンジョ・ダロ遺跡から出土。
高さ17.5cm、滑石製

れる鮮やかな色彩と文様のある衣装を纏うシリア商人の姿が描かれており、同壁面のエジプト人の白い麻布の腰巻姿と比較をすることができる（写真1、2）。エジプトでは、後のグレコローマン時代（B.C.140頃〜A.D.300頃）以降になって「綴れ織（コプト織❶）」が多く出土するようになる。また、前述のベニハッサンの壁画には、同時代のエジプトの麻布生産の工程、栽培から採線、染色のようすや、地面に4本杭を打ち、その杭にタテ糸を水平に張る始原的な水平機や、垂直に立てた2本の杭にタテ糸を張る垂直機による織り作業が描かれている。

　インダス文明では、木綿の原産地とされるにふさわしく、モヘンジョ・ダロ遺跡から紀元前2500〜紀元前1500年頃の極小の茜染め木綿布の小片が出土している。同様に遺跡から出土した神官像の纏布(まといぬの)にみえる文様の表現技法については、未だに絞り染めか木版更紗かと論議されている（写真3）。その理由の一つとして、古代インドで生産された染織品が、自国からの出土は少なく、むしろ周辺諸国の

❶「コプト」は古代エジプト語にまで遡るエジプト全土を指す言葉であったが、狭義にはアラブ軍のエジプト征服後、イスラーム教化するエジプト国内でキリスト教を信奉した人たちを指す。コプト織は4〜5世紀を中心に、2〜12世紀の間にコプト人が製作していた織物で、今日伝わるその多くは遺骸に着せたり掛けたりした寿衣の断片である。伝統的には、亜麻糸やシリアの影響によるウール糸、中国からの絹糸も用いて、チュニックの胸、袖口、肩、裾まわりを綴織で装飾したことで知られる。

遺跡から多く出土しているため、比定などの研究が進みづらいことが挙げられる。

中国では、かつて満州国と日本が呼んでいた中華人民共和国の東北部から内モンゴル自治区の東部にかけて栄えた紅山文化❷の遺跡からは玉石製の「蚕」が、また長江の河口近くで紀元前5000〜紀元前4500年頃に栄えた河姆渡文化の遺跡からは織り道具である撚掛け錘や刀杼、「蚕」を描いた象牙製品など、多くの織物に関わる資料の出土が確認されている。また戦国時代の長沙遺跡からは絹織物、さらに漢時代の布の産地であったとされる長江の中原地方から遠く離れた新疆ウイグル自治区のアスターナ遺跡や外モンゴルのノイン・ウラ遺跡、シリアのパルミュラ遺跡などから、中国製の錦・綾・羅❸が出土している。

染織史研究家の角山幸洋は古代の染織発達史について、「中国の織り物技法の先進性は、否めない事実である。とくに繊細な絹糸で織り出される製品は、東西の交流に大きな役割を果たし、それに伴う織技の影響は、旧来の技法を一新させたのである」[角山1968:18]という。つまり、中国の絹が陸路「シルクロード」を通って西域やローマに運ばれたことは広く知られているが、文様を織り出す高度な技術もまた西域へと伝播した。

そして、それとほぼ時を同じくして、中国の福建省泉州港を起点に、ベトナム、インド、イランなどのアジア各国の沿岸部、また紅海を経て地中海文化圏を繋ぐ「海のシルクロード」も発達していた(図1)。

しかしながら、土器や金属品、ガラスなどとは異なり、古代の染織品は遺存する地域の風土条件、とくに「雨と湿気」の影響を受けて朽ち、その出土地が限られる。加えて、沿岸部では塩害があり、古代染織資料の出土が僅少である。そのために、沿岸各地の染織史研究の多くは、交易記録や旅行家の記録などにもとづく推考によってなされてきた。

そうして研究される沿岸部遺跡の一つに、エジプトのシナイ半島のラーヤが

---

❷中華人民共和国の河北省北部から内モンゴル自治区東南部、遼寧省西部あたりに、紀元前4700年頃〜紀元前2900年頃に存在したとされる新石器時代の文化。遼河文明の一つ。1908年、満蒙調査を行っていた考古学者の鳥居龍蔵が発見。

❸錦とは複数の色糸を使って模様を織り出す織物の総称。綾織とは、ヨコ糸を2本または3本のタテ糸の上を通過させた後に、次の1本のタテ糸にヨコ糸を挿入する織組織で、身近なジーンズ布地も綾織の一つである。羅は隣合うタテ糸を振り絡ませて、ヨコ糸を挿入する粗い織り目の織物で、本来は鳥や小動物を捕獲する網を意味したが、後に薄織物を指すようになった。

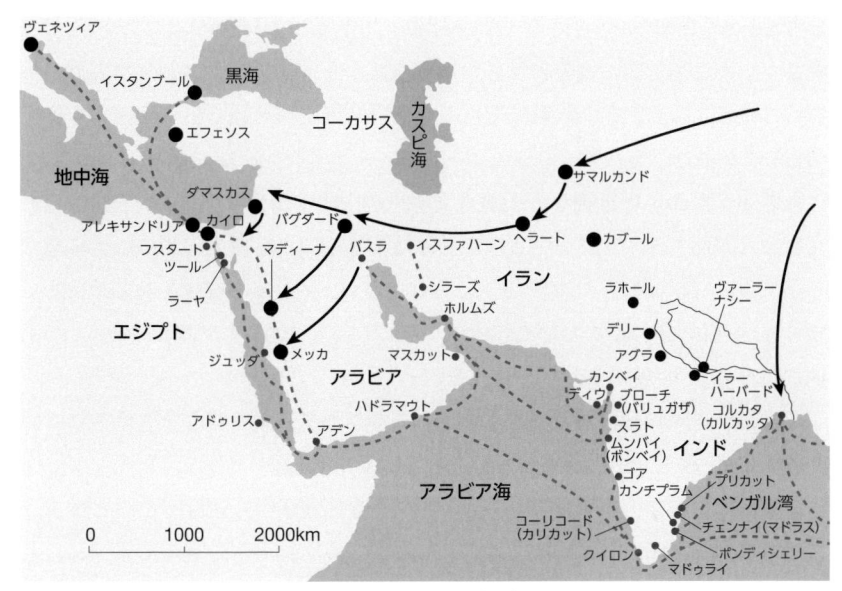

▲図1 前イスラーム時代の交易図
[井関 2015 : 95] をもとに筆者作成

ある。同半島はエジプト古王国時代（B.C.2680〜B.C.2180頃）から銅の産出で知られ、シリアやパレスティナ、エジプトの諸都市などと交易をおこなってきた。また、旧約聖書の「出エジプト記」で知られるシナイ山麓の枯谷の各所には、3世紀末頃からキリスト教の修道士たちが住みはじめ、ラーヤは4世紀初め頃には内陸部と沿岸部を繋ぐ巡礼と交易の港市として繁栄したとされている。

1999年から始まった財団法人中近東文化センターの調査によって、港市のラーヤが城塞化されたのが6世紀頃の「陸路シルクロード」時代からであることや、同城塞からの出土品の多くが9世紀以降のものであることが明らかにされた［川床 2004 : 3-12］。

この城塞遺跡からは染織裂や繊維類が多量に出土している。そのうち最も多く出土したのは、古代からエジプトで栽培されてきた亜麻（*Linum usitatissimum* L.）や大麻（*Cannabis sativa* L.）である。次に多いのがインド原産のワタ（*Gossypium* sp.）である。それらは布や紐、繊維の状態で出土している。出土した動物繊維のうち大半を占めるのが羊毛である。古代エジプトでは羊毛を交易で入手していたが、「コプト織がつくられるようになった三世紀頃にはすでに羊の飼育がされていた

と考えられ」[佐野 1999: 19]、ラーヤが繁栄した時代には羊毛がエジプト国内で普及していたとされる。実際にラーヤ城塞遺跡からも羊毛糸によるコプト織や綾織のほかに、さまざまな織組織や色糸を使用して文様を織り出す紋織布も多く出土している。

紋織布のなかには単純な円環連珠文様や規則的な幾何学文様、格子状の連続文様などがあり、このような文様を織る技術は中国から西アジアに伝えられたとされる。一方、西アジアのシリアは古代エジプト時代から織物の特産地として知られ、斜行組織の織物の始まりの地とされている (そのシリアの織師たちがペルシャに移住させられ、斜行織の緯錦を織るようになったという❹)。

さらにラーヤ城塞遺跡からは、当時のトルコやギリシャなどで生産されていた綾織布を、起毛加工した羅紗も出土している (写真4)。

また数点の絹布も出土しているが、それらも他地域から運ばれたことは言うまでもない。古代ローマに中国から絹織物がシルクロードを通って運ばれたと多くの文献に記述されているが、中東地域からは、漢代の絹布がシリアのパルミュラ遺跡から出土した程度である。ラーヤ城塞遺跡からは僅か4センチたらずではあるが、絹製の綾織菱紋布が出土し、その経錦は唐代の「絹紋織布」に酷似している (写真5)。

2 中世の海上交易圏をめぐる争いとインド更紗

ラーヤ城塞遺跡からは、絹布を藍染めした後にタンニン系染料で染める「藍下黒染め」と通称される、インドから東アジアで現在にまで伝承される黒染めを施した絹布も出土している (写真6)。X線検査の結果からは、西アジアのタンニン黒染めによく使用される「鉄塩」が検出されないことから、おそらくインド交易によって東アジアから運ばれてきたものであろう。

インド以西で使用されてきた青色染料の原料は、主にインド原産のマメ科の藍植物 (*Indigofera tinctoria* L.) である。インドにおいて、この藍植物の利用は紀元前

---

❹ 中国からもたらされたタテ糸で文様を織り出す技法が、シリアのダマスカスでヨコ糸によって文様を織り出すかたちへと独自の発達を遂げ、ササン朝ペルシャを経て、後代のサファヴィー朝のカシャーンやイスファハーンで織られた「ペルシャ錦」に繋がったとされる。

▲写真4　エジプトのラーヤ城塞遺跡から出土した羅紗（羊毛・麻）〈左〉と
その織りのパターン〈右〉
［パターンは筆者作図］

▲写真5　エジプトのラーヤ城塞遺跡から出土した綾織菱紋布（絹）〈左〉と
その織りのパターン〈右〉
［パターンは筆者作図］

▲写真6　ラーヤ城塞遺跡から出土した
藍下タンニン染め布（絹）

▲写真7　印度藍
藍植物を煮詰めて沈殿物を固める

2000年から始まっていたとされ、沈殿製法によって染料化した「印度藍（写真7）」は、紀元前1世紀にはすでに地中海沿岸諸国へ輸出されていた[5][Cardon 2007: 362など]。ラーヤからも染料化された「印度藍」の小片が出土し、また同地域のツール遺跡からは、10世紀代の「印度藍の取引書」がみつかっている（写真8）。

さらに、古代からインドおよび西アジアでは、赤色染料として主にアカネ科ムツバアカネ（写真9、*Rubia tinctororium*, L.）が用いられ、またマメ科スホウ（*Caesalpinia sappan* L.）、カイガラムシ科ケ

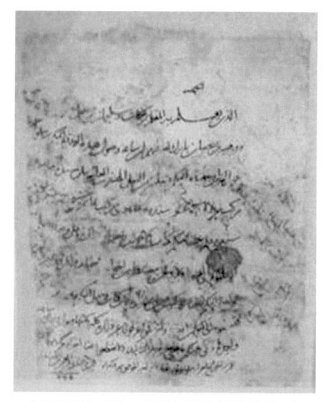

▲写真8　ツール遺跡から出土した10世紀代の印度藍の取引書（羊皮紙）

ルメス（*Coccus ilicis* Eabr.）、ラック（写真10、臙脂虫、*Tachardia lacca* kerr.）も使用された。

染織技術史を研究する者にとってインドの染織文化は魅力的な存在である。長く伝承されてきた精緻な染織技術とその巧みな意匠は、現代の工業製布にも多くの影響をみる。しかし、すでに述べたようにインド国内における古代の遺存品はなく、かつての交易都市から出土する資料に探るという状態である。

なかでも、ムツバアカネと印度藍をベースにした文様染め「インド更紗」には、

▲写真9　ムツバアカネ
乾燥させた3〜5年根を煮出して染める。茎が太く丈夫に育ったものからは右円中のような根が採れる

▲写真10　ラック（臙脂虫）
樹木に付くカイガラムシの一種が持つ赤色色素で染める

[5] すでに、藍染料として輸送に便利な固形に製藍されていたとされ、紀元前1世紀には一部欧州へも輸出され、インド原産の青色染料として「インジカン（インドからきた）」、となり、藍「インジゴ」となったとされ、後述する『エリュトゥラー海案内記』にも交易品として記載されている。

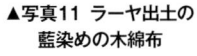

▲写真11　ラーヤ出土の
　　　藍染めの木綿布

▲写真12　アジャンタ壁画の女性衣装にある文様
田枝幹宏による壁画撮影写真の一部分。
高田・田枝［1971：83］より引用

　その起源を紀元前2000年とする説があり、また紀元3世紀頃にその存在が記録されている。その頃から東西交易が頻繁となるため、陸路シルクロードの各地からインド更紗の出土が報告されている。それらのうち、パルミュラ遺跡から出土した「茜染のあと蠟防染し藍染されたインド更紗」［吉岡 1979：57］が、現存する最古のインド更紗とされている。また1世紀頃の紅海からインド洋の交易事情について書かれた『エリュトゥラー海案内記』には、当時の主要な港での交易品目や各地の特産品が記録されている。そこではインドからの交易品として、印度藍や臙脂綿などの染料と並んで、良質の木綿布が挙げられている。

　また、同時代の大プリニウスが著した『博物誌』には、エジプトでも多色文様染めが行われていたことが記録され[6]、紀元前後のエジプトにインドの染色技術が伝わっていたと考えられている。ラーヤ遺跡から現在6点の藍染め木綿布が出土している。その文様は、インドのアジャンタ壁画の女性衣装の文様にも通じ、その文様的特徴から前イスラーム時代のインド産と考えられる（写真11、12）。

---

[6]「エジプトではまた、まことに珍しい方法で布を染める。最初白い布を十分に擦り、次に染料でなく染料を吸収する化学薬品を塗る。それが済んだときにはそういう処理をした何のしるしも見せない。しかしそれを沸騰している染料の入った大鍋に浸して引き上げるとその織物はたちまちにして色が出る。そして不思議なのは、その鍋の中には一色の染料しか入っていないのに、それが織物にいろいろな色を与える。用いられた化学薬品の性質によって色が変るのである。そして後で洗っても色が落ちない。このように、その鍋に色のついた織物を入れるとたしかにいくつかの色が混ぜ合わされて一色からいくつもの色が出る（引用者註：この箇所について「意味がよくわからない」という訳注がある）。そして煮沸の過程でその材料が染められる」［プリニウス 1986：1438］。吉岡［1975：256］にも『博物誌』からの引用としてほぼ同内容の記述がある。

▲写真13 エジプトのフスタート遺跡

▲写真14 フスタートで発見されたとされる蝋防染の藍染布
吉岡［1979: 57］から引用。出典不明

　その後、7世紀初め頃になると、東ローマ帝国とササン朝ペルシャとの抗争などの影響で内陸路のシルクロードに混乱が生じ始める。そのため西アジアの交易路としては次第にアラビア半島を迂回する沿岸交易路が盛んになり、メッカやメディナなどの沿岸部の中継都市が繁栄するようになった。

　その頃、この地に預言者ムハンマドが現れて、アラビア半島にイスラーム国家を打ち立てた。そのアラブ・イスラーム軍が7世紀にエジプトを征服し、現カイロ市南部のフスタートに首都を築いて、行政・宗教・学問・商工業の中心地とした。そのフスタート遺跡（写真13）の12世紀代の地層からは、インドのグジャラート製の更紗が大量に出土している（写真14）。カイロに首都が移った後も、14世紀までフスタートは盛衰を繰り返しながらもエジプトの商業と工業の中心として存在し、自国産の布やインドおよびインドネシアなどで産出する香辛料などを、ヴェネチアなどの地中海各国と交易した。

　その後、イスラーム勢力は次第に拡大し、北アフリカやインド洋で繋がるアフリカ東沿岸部、東南アジア、東シナ海までの海上交易圏を形成した。とくにトルコ系イスラームを中心とするオスマン帝国が勢力を伸ばし、1453年にはビザンツ帝国を滅ぼして、イスタンブールを首都とした。こうして北アフリカを含む東地中海全域の海上交易圏の制海者となったオスマン帝国は、香辛料交易に重い関税をかけた。そのため、東方の香辛料の入手が困難となったヨーロッパ諸国は、新たなアジアへの交易ルートの開拓を必要とするようになった。

　まず、ポルトガルとスペインが大西洋に乗り出した。ヨーロッパからインド洋

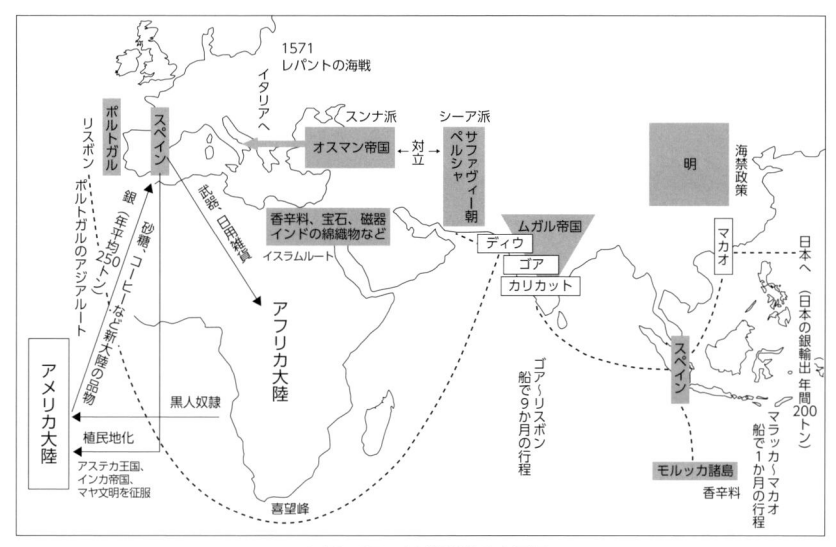

▲図2　15～16世紀代の交易図
［井関 2015：98］を基に筆者作成

への航路を開拓したのは、ポルトガルのヴァスコ・ダ・ガマである。彼は1497年にイスラーム人の水先案内人とともにリスボンを発ち、アフリカ大陸の最南端を経由して、インドの西南部沿岸の交易港・カリカット（現コーリコード）に到達し、後に続くヨーロッパの海外進出に貢献した。

　しかし、先述したように、インド洋の交易については、イスラーム商人や沿岸部の王国によって、すでに南・東アフリカからインド、モルッカ諸島、中国までを結ぶ海路が整っていた。また、暗黒の大陸とされていた内陸部のアフリカでさえも、赤道周辺地域までイスラーム交易網が広がり、サハラ砂漠を越えて西アフリカの国々とも交易を行っていた。

　インド洋航路を開拓したポルトガルは、その後の1509年にオスマン帝国などの支援を受けたマムルーク朝エジプトの海軍を破って、インドとの交易の主導権を握る。続いてマレー半島やスリランカ、1557年にはマカオに進出して居留権を得て、東アジア地域との交易の拠点とした。

　ポルトガルは、海上交易圏の支配権をめぐって、イスラーム商人や現地支配者、スペインや、後続のオランダ、イギリス、フランスといったヨーロッパ勢力とも抗争を繰り広げた（図2）。しかし、インド洋で抗争が繰り広げられている間も、

インドの更紗や織物はアルメニア商人によって、ドイツやスカンディナヴィア
などのヨーロッパ各地に運ばれていた。

3 東西交易の進展によるムガールの染織文化の拡大

　古代から中世まで繰り広げられた東西交易によって運ばれたインドの染織品
は、西はヨーロッパから東は我が国やインドネシアまで、その技術のみならずデ
ザインにも、大きな影響を与えた。すでに記述したように染織を学ぶ者にとって、
インドの伝統的な染織品をみることは、まさに布に繰り広げられる「装いの文
化」、その「移動と変遷の歴史」そのものをみることである。なかでも、16世紀の
初めから19世紀後半までインドに存続したトルコ系イスラーム王朝であるム
ガール帝国時代の布は、東西のファッションに大きな影響を与えた。

　インドとの交易を開始した頃のヨーロッパ商人の関心は香辛料にあり、イン
ドの染織品の輸入はわずかな数量にとどまって、オリエント土産として珍重さ
れた程度に過ぎなかった。彼らの目的は、インド東海岸やスマトラ島で生産され
る胡椒、さらにはインドネシアのモルッカ諸島のクローブ、ナツメグにあった。

　モルッカ諸島の香辛料を入手する手段として、古くからインド染織布との物々
交換が行われた。布の種類や色、意匠の嗜好はモルッカ諸島の各地で異なってい
た。そこでヨーロッパ商人たちは、本国から運んだ金銀をインドで布や絹糸など
のさまざまな繊維製品と交換し、海峡を越えてモルッカ諸島で香辛料に交換し
てヨーロッパに戻るという「三角貿易」を行ったのである。日本にオランダ船が
きたのも、その三角貿易のための金銀を得るためであり、インド更紗などの染織
布が日本に運ばれてきたのは言うまでもない。

　この三角貿易の過程で、羊毛と麻の文化圏であったヨーロッパの本国にイン
ドの木綿や更紗が大量に持ち帰られるようになると、その軽さや布に表現され
た文様の多彩さから高い評価を得るようになった。

　そして人気となった図柄として、ヨーロッパでアラベスク（アラビア風）と呼ば
れる文様が挙げられる。イランで発達した草花文様がムガール帝国で洗練され
て「装いの華」となり、後世までも東西の文様デザインのベースになっている（写
真15、16）。例えば「ペイズリー文様」がその一つである。

▲写真15
シェイフ・ロトフォッラー・
モスク

イラン中部の都市イスファ
ハーンにあるモスク。偶像を
嫌うイスラーム社会において、
最も完成された美意識によっ
て、アラベスク文様の粋を集
めて制作されている。このよ
うなイスラーム文様は、布、
つまり「装い」の文化の華で
もあった

▶写真 16　タージ・マハル

インドのアーグラにある廟。
ムガール帝国の第5代皇帝シ
ャー・ジャハーンが、妻のた
めに建造した。1636年竣工
の建造物は華麗なイスラーム
文様で飾られている

▶写真17
**インドの男性用の
腰飾りの布**

このような薄い木綿布は
ヨーロッパにも多く運ば
れ、麻や羊毛の布で仕立
てられていた衣服や下着
にまでも木綿が普及し衣
料革命を起こした

▶写真18
**山羊の毛で
織られたショール**

カシミール山羊の毛で織
られたショールは、貴族
や金持ちたちの象徴と
なった〈右は部分拡大〉

▶写真19〈左〉、20〈右〉
**インドにおける
カシミール織り**

机上で織作業をするよう
に工夫された高機〈左〉に
タテ糸を張り、そのタテ糸
に刺繍するようかのよう
に、さまざまな色のヨコ
糸を挿入して織ってゆく
〈右〉。繊細で色鮮やかな
織布の制作には時間を要
する〈インドのニューデ
リーにて〉

インド貴族や金持ちたちの象徴として愛用されてきたカシミア・ショールに展開される色鮮やかな文様織布（写真17、18）がイギリスにもたらされると、従来の重くて分厚い羊毛布にはなかった、軽くて薄く柔らかな風合いと華やかな色彩りに人びとは魅了されて大流行し、その注文に応じるインド側での生産が追いつかない状況となった（写真19、20）。そこで、インド産のカシミア・ウールをイギリスで製織し、これを北部スコットランドのペイズリーで刺繍加工をするようになった。現在では勾玉に似た文様をペイズリーと呼ぶが、インドでは「ボタ」、「ブータ」、「カルカ」、イランでは「灌木」や「茂み」を意味する「ボタハ」と呼ばれている。

　また、軽い木綿に表現されるアラベスクの木版更紗も、それまで刺繍糸を染める文化はあっても、布の上に文様染めをする技術のなかったヨーロッパで大流行した。そうしてヨーロッパ各国で布のプリント（捺染）技術の開発が始まった。例えば、フランスのミュルーズではインドの職人を招聘してその技術を習得し、次第にミュルーズ独自の染色技術を開発するようになった。

4 アフリカや東アジアへの更紗技術の伝播

　布のプリント技術を確立したヨーロッパ各国は、そのプリント布地や技術を世界各地に普及させていった。植民地下にあったアフリカ各国に着衣の習慣を根づかせ、アフリカ向けのプリント布地を輸出し、また現地にも染織工場を建て、その生産を始めるようになった。

　もともと染織文化が発展していたナイジェリアでは、16世紀頃にヨーロッパ人によって持ち込まれたキャッサバ（タビオカ）で作った糊を使って、鳥の羽で文様を描く、独自の藍糊染め布も花開かせ、その文様部分にはインドネシアのジャワ更紗の影響の文様もみられる。

　東アフリカのエチオピアには、聖書のカバーや祭祀用太鼓の被い布などに用いられたインド更紗が多く残されている。エチオピアは4世紀頃からキリスト教化した国であるが、7〜9世紀代のイコン画や壁画に、インドの染織品と思われる布が多く描写されている。

　インドネシアでも、よく知られる黒・茶・藍色の伝統的なジャワ更紗ではな

い更紗がある。これは、インドネシアの染色技術の高度さに気づいたオランダ商
人が、自国産の工業製木綿布であるキャンブリックをインドネシアに運び込み、
オランダ人のデザイナーの考案した図柄で作らせているものである。華僑たち
に工場を運営させて、現地の人たちに製造を担当させる体制で、ヨーロッパ向け
のオランダ風ジャワ更紗が製造されている(写真21)。

　中国の上海美術館には、インド更紗の模造品を作るための「木版」が展示され、
中国もインド更紗の影響下にあったことを伝えている。そして、江戸時代に作ら
れた中国製更紗が日本にも運ばれ、現在では日本の博物館でインド更紗と混同
して展示されていることもある。

　いずれにせよ、江戸時代の日本の人びともインド更紗に魅せられてきた。日本
独自の染色技法である友禅染めや和更紗には、インド更紗の草花文様を源流と
する図柄が多くある。最も知られた唐草文様は、日本では「非常に遠いところ＝
唐天竺＝中国・インド」からきたという意味を込めて「唐草」と呼んだ。木綿布
の普及した江戸後期には、様々な草・花を絡ませた唐草文様が考案されて、藍染
め布に展開された。なかでも緑地に白の風呂敷の唐草文様はなじみ深く、コント

の泥棒の小道具で知られる［井関2018:38-39］。

　以上のように、単に布が交易品として世界を移動しただけでなく、技術的また文化的にも大きな影響を与えてきたのである。特にインド更紗がヨーロッパの捺染産業やファッション界に大きな影響ももたらしたことや、また、インドやインドネシアの更紗や遠く離れた日本の和更紗や友禅を誕生させる起因になったことが示しているように、装いの文化には古くから大陸、国境を越えたグローバルなつながりがあったと言える。

　現代の私たちは、「装い」をファッションとして楽しみ、その素材や染織技法に思いを馳せることも少なくなっている。しかし、私たちの「装い」は、それぞれの布に潜む壮大な歴史を背景に成立している。そのことに目を向けることも大切であろう。

参考・参照文献

Cardon, Dominique (2007) *Natural Dyes*. London: Archetype Publications.

Iseki, Kazuyo and Yoko Ueba (2008) Textiles Discovered in the Raya Site. In: Kawatoko, Mutsuo (ed.), *Archaeological survey of the Raya/al-Tur area on the Sinai peninsula, Egypt : the second Japanese-Kuwaiti archaeological expedition (2007)* (Islamic archaeology and culture, v. 2), Tokyo: Research Institute for Islamic Archaeology and Culture, pp. 95-105.

井関和代 (2015)「海峡を渡った布 —— インド洋から以西の布の動き」『海峡を渡る布』大阪：大阪歴史博物館、pp. 94-101。

――――― (2018)「草原の風が運んだペルシャ文化」『絨毯で辿るシルクロード』東京：世界文化社、pp. 38-39。

川床睦夫 (2000)「港を掘る —— シナイ半島の港市遺跡」尾本惠市他［編］『海のアジア②　モンスーン文化圏』東京：岩波書店。

――――― (2004)「港市ラーヤ遺跡の発掘調査」川床睦夫［編］『エジプト・シナイ半島ラーヤ・トゥール地域の考古学的調査 第23次 (2003年度)』東京：財団法人中近東文化センター／イスラーム・エジプト調査委員会、pp. 3-12。

佐野敬彦 (1999)『織りと染めの歴史 —— 西洋編』京都：昭和堂。

高田修・田枝幹宏 (1971)『アジャンタ —— 石窟寺院と壁画』東京：平凡社。

角山幸洋 (1968)『日本染織発達史』東京：出畑書店。

平山美和子 (1984)『カシミール織——平山コレクション』東京：講談社。

プリニウス (1986)『プリニウスの博物誌　第Ⅲ巻』中野定雄ほか [訳]、東京：雄山閣。

松井章 (2009)「生き物と人間の考古学」『BIOSTORY』vol.11、東京：誠文堂新光社、pp. 6-9。

家島彦一 (2006)『海域から見た歴史——インド洋と地中海を結ぶ交流史』名古屋：名古屋
　　大学出版会。

吉岡常雄 (1975)『印度更紗』京都：京都書院。

————(1979)「概説　インド更紗」吉岡常雄 [編]『染織の美』第 2 号、京都：京都書院、
　　pp.53-60。

ワファー・マフルース・アーミル (川床睦夫訳) (2004)「1997〜2003 年にラーヤ遺跡で発掘
　　された植物に冠する調査報告」川床睦夫 [編]『エジプト・シナイ半島ラーヤ・トゥール
　　地域の考古学的調査　第23次 (2003年度)』東京：財団法人中近東文化センター／イス
　　ラーム・エジプト調査委員会、pp.75-100。

近藤英夫 (2000)『ＮＨＫスペシャル　四大文明　インダス』東京：日本放送出版協会。

座談会 II

地域性・社会性の
表象としての衣服

いつ、どんな場面で、なにを、いかに纏うのか

●参加者●

井関和代／小河久志／金谷美和／川村義治／
川本智史／桑野萌／小磯千尋／小西賢吾／坂井紀公子／
鈴木清史／アヒム・バイヤー／山田孝子

誰とどこに出かけるかによって、私たちが選択する衣装は異なります。
「なにをどのように着るべきか」という集団や社会の期待を推察し、
守るべき規範に基づいて選ばれる衣装には
その人の属する社会や集団の価値観や歴史が反映されています

山田孝子●世界の「装い」の文化について考えるうえで押さえておくべきことの一つに、「なにをしていたら装っていることになるのか」という問題があります。世界の民族誌をみれば、腰巻だけ、あるいはペニス・ケースだけを着けて暮らしている民族もいますね。それもまぎれもない「装い」であるわけです。

鈴木清史●たしかに、服の概念については一度検討すべきですね。腰巻に限らず、たとえば藁1本、紐1本を着けているだけでも「着衣している」とする考え方があることは重要な点だと思います。

山田●宗教上の理由などの特別な場合を除いて、おそらくまったくの裸、なにも身に着けない文化というのは、存在しないのではないでしょうか。

井関和代●そうですね。わずかでも、必ずなにかを纏っています。たとえば皮膚に顔料をピッと付ける。これでもう裸ではなく、「装っている」ことになりますね。

山田●この「身体保護の必要がない状態でも、必ずなにかを纏うのはなぜか[1]」という問題について考えることは、人類にとっての「装い」

◀写真1
プンラップ島の
男性の装い
褌一つ、腰巻一つ
の姿であっても、
その民族集団に
とっての「装い」
と言える

[1] 身体保護と衣服の起源については、27頁からの山田孝子による論考を参照。

の意味、「人はなぜ装うのか」という問題を明らかにすることにつながると思われます。

人生儀礼の場で着用する衣装の諸相
――誕生祝い、成長祝い、割礼、婚姻

小磯千尋●先日、インド東部のナガランド州に調査に行きました。かつてのナガランドでは30以上存在していた民族集団が抗争を繰り返し、彼らには狩った敵の首を軒先に並べる風習があったことから「首狩り族」とも呼ばれていました。そんな彼らは現在、赤と黒を基調とするショールを着けていますが、これが民族集団ごとにわずかずつ違うんですね。

井関●基本は同じでも少しずつ変わっていて、違いがわかる。

小磯●同じ民族集団の人が誰か、簡単に見分けがつくようにしているのだと思います。

身体改造
による
集団化と
魔除け

井関●傷痕や瘢痕[2]も装いの一つで、これも同じ集団・同じ部族であることを示す機能があります。1980年代初頭のことですが、ナイジェリアで私が下宿していた家のすごくかわいい子の顔に、1本の傷が入っていました。その子の父親に私が「誰があんな傷つけたの」と言うと、「お前は傷と言うけどそれは違う。あれは私らの誇りだ」と。つまり「ハウサ[3]の娘である」ことを示しているわけです。ナイジェリアのイボ[4]の瘢痕も、身を守る意味もあるし、自らのアイデンティティの維持にもつながっている。傷痕は衣服を持たない人たちにとって、もっとも簡便なグループ化です。刺青にもその機能があります。

---

[2] 傷痕や瘢痕による身体への装飾は「スカリフィケーション（scarification）」と呼ばれる。針やカミソリなどで皮膚に切り込みや傷をつけ、それが治癒する過程でできるケロイドを利用して文様を描く。

[3] 主としてナイジェリア北部に居住する民族。チャド語派のハウサ語を話す。

[4] ナイジェリア南東部、ニジェール川とクロス川にはさまれた熱帯森林地帯に居住する人びと。

▲写真2
ナガランドの民族集団の衣装
共通点がありつつも異なる部分
がみられる。とくに肩掛けの紋
様、刺繍などに違いがある

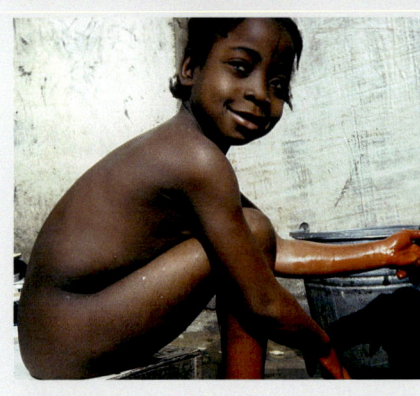

◀写真3
ナイジェリアのハウサの少女
この家の子どもたちは、歩き始める
と間を置かず、父親によって額に縦
に1本の傷を入れられ、煤を塗られ
る。10歳になった頃から掌や足をヘ
ンナで染めて、オシャレを始める

山田●その人がどこに行っても出自がわかる。取り外せない装飾品とも言えますね。

坂井紀公子●それは帰属や身分を取り外せない、変更できないということでもありますね。

山田●内陸で多様な民族と接しつつ暮らす人びとにとっては、それは重要なことです。

井関●かつてのアフリカでは、労働力を確保するために、他民族の子どもを連れ去ることが日常的にありましたから、生まれた時点で「うちの子」というマーキングをしたんでしょうね。

小磯●傷痕には、お守りや邪視除けという要素はないのでしょうか。

▲写真4〈左〉
**インドにおける
邪視除け**
イスラームの聖者
廟でもらった護符
を首や手首に巻く

▼写真5〈右〉
**ラダックの
子どものお守り**
おでこには煤で黒
丸印をつけ、帽子
には生霊の障り除
けのお守りを縫い
付ける。お守りも
子どもを守るため
の「装い」の一つ
と言える

井関●アフリカでも、イスラームの世界の風習が入ってきてからは、邪視除けのお守りを身に着けるようになりましたね。

小磯●インドでも邪視は受けることが前提で、身を守るために自分たちで備えます。

井関●アフリカでは、ブレスレットやネックレスなど、装身具で魔除けをします。それが儀礼につながって、たとえば女の子が生まれると腰紐を1本、ビーズを一つ着けて、2歳になったら二つというように増やしていく。それは誕生祝いと魔除けを兼ねています。

小磯●邪視については、インドでもヒンドゥーの人がイスラームの聖者廟で邪視除けのお守りをもらうこともあって、宗教を超えて相互に乗り入れていますね。

山田●それは土着の信仰で、完全なイスラームに基づくものではないと思います。邪視から守る対象は、女の子だけではなく、男の子も守るための何かをしていますか。ラダックでは、男の子も女の子も、生霊の障りから守るお守りを着けていました。

坂井●ケニアでは、実際にお子さんにビーズが付いた腰ひもやネックレスが着けられているのを何度かみました。それはなにかと聞くと、邪視除けとは言わずに、「これは健やかに育つためのお守りなの」という説明を受けた覚えがあります。私がみかけたのは農耕民社会でした

が、牧畜民社会でもあります。乳児死亡率が高いことも影響していると思います。

カトリックの初聖体と日本の七五三

山田●キリスト教の人生儀礼における装いには、どのようなものがありますか。

桑野萌●結婚式でのウェディング・ドレスはよく知られていると思いますが、その他にカトリックでは、初聖体[5]のときに白いドレスを子どもに着せます。とくにヨーロッパで盛んになっていて、スペインでも多くみられます。これは宗教的な意味というよりは、かわいいドレスを着せてあげる機会になっていますね。

小磯●その儀礼では、男女ともに着飾るのですか。

桑野●男の子も女の子も正装しますが、女の子のほうが華やかです。初聖体用ドレスや初聖体用のお祝い用品などが売り出されています。

小磯●まるで日本の七五三のようですね。（笑）

桑野●まさにそのとおりで、宗教的な意味は失われつつあります。教会にとっては人が来てくれるというメリットがあるので、あちこちの

[5] カトリック教会で、幼児洗礼から数年後、小学校2～3年生ごろに行う初めて聖体を拝領する儀式。「初聖体拝領」とも言う。

お店と組んでキャンペーンなどもしています。あまりに華美になっていることについては批判の声もありますね。

山田●日本の七五三だと、母親が着物を着ることも多いですね。スペインの初聖体のときには、親はどんな装いですか。

桑野●人によりますが、両親も正装が多いです。大切な儀式だという意識はあるようです。

小河久志●考えてみると日本の七五三の装いもおもしろいですね。父親がスーツで母親が着物、子どもは洋服という組み合わせも多くみられますよね。

タイのムスリム儀礼にみる装いの多宗教性

山田●ムスリムの人生儀礼では、どのような装いがみられますか。

小河●私は、タイ南部の仏教徒とムスリムが共生する地域を調査しています。そこでムスリムの男の子が割礼式をするときの装いは多宗教的なものです。男の子は、ムスリム男性が使う円筒形の帽子をかぶって、腰にマレー系ムスリムが使うバティックを巻きます。そして上座仏教のお坊さんが儀式で持つような装飾が付いた団扇を持つ。さらには、なぜかわかりませんが、サングラスをかけるんです。(笑)

小磯●必ずかけるのですか。

小河●私がみる限り必ずかけています。あとは傘も持ちますが、それも上座仏教のお坊さんたちが持つような傘です。この装いをみると、多様な宗教が混ざりあいながら共生しているという地域の特徴が読み取れるように思います。

山田●女性の場合はどうですか。

小河●女性も割礼式をしますが、それは北アフリカなどで問題になっているようなものではなく[6]、性器に少し傷をつけるだけのようです。

---

[6] アフリカおよび中東では、女性性器の一部を切除・切開・縫合する「女性性器切除(Female Genital Mutilation: FGM)」の慣行があり、大量出血による死亡者が多数出ていること、月経困難、性交痛、難産などの後遺症に悩む女性が多いことから撤廃を求める声がある。一方で、FGM撤廃は欧米的価値観として批判し、伝統文化としてFGMを擁護する考えも根強い（比較ジェンダー史研究会Webサイトより〈http://ch-gender.jp/wp/?page_id=3860〉）。

女性は男性のように着飾ることはなく、産婆の主導のもと家の中で行います。

川本智史●男の子の割礼は誰がするのですか。

小河●産婆ではなく、ムスリムのお医者さんです。麻酔を打って行います。かつては麻酔を打たずに行って、割礼後に「消毒だ」などといって男の子は海に放り込まれていたそうです。(笑) 痛みでトラウマになると多くの年配のムスリムが言っていました。

川本●トルコの男の子の割礼式ではマントを着けた装いが多いですね。

小磯●マントですか。洋風な感じですね。

川本●そうですね。20世紀に入って多くなった装いだと思います。

山田●どの社会においても重要な人生儀礼に成人式や結婚式がありますが、女性が結婚前後で装いが変わる文化は多いですよね。

井関●カメルーンのバメンダでは、結婚した女性は帽子をかぶります。その帽子は既婚であること以外に身分を示す機能もあって、結婚しただけならシンプルなラフィア[7]で編んだ帽子ですが、社会的地位が変わるなど身分に変化があると華やかになります。

◀ **写真7
カメルーンの
バメンダでの
既婚女性の装い**
カメルーンのバフツ王国の『王国の集会の日』に、同じキリスト教宗派の女性たちが、お揃いのプリント布で出席するようす。結婚した女性は帽子をかぶる

[7] 熱帯アフリカやマダガスカルに生えるヤシ科ラフィア属の植物であるラフィアヤシから採れる繊維。

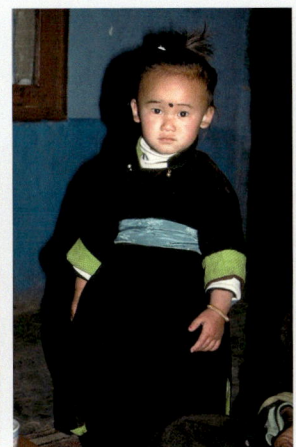

▲写真8〈左〉
既婚女性のゴンチャによる正装
ウエストに絞りの入ったゴンチャにペラックを着ける

◀写真9〈中〉
子どものゴンチャ

◀写真10〈右〉
頭飾り「ペラック」
母から娘へ、代々受け継がれるもので、この頭飾りを着けるのが既婚女性の正装となっていた

山田●ラダックでは、女性は結婚すると髪型を変えて、ウエストに絞りが入ったゴンチャを着ます。子どものときは男女ともに成人男性が着るのと同じ筒袖の着物スタイルです。

井関●結婚後の女性が髪の結い方を変えることは、世界各地でみられますね。

山田●ラダックでは、結婚式のときにトルコ石が付いたペラックという頭飾りを着けます。これを着けていることで既婚者であることがわかった。この頭飾りのトルコ石は代々母から娘へ受け継がれるもので、娘を結婚させるときには、母親がそのトルコ石のほとんどを娘にあげます。娘を嫁に出した母親の頭飾りは自分のために残した1列ぐらいしかない。たとえば4列あったトルコ石が真ん中1列だけになったペラックを着けたおばあちゃんをよく見ました。

井関●それは3人の娘を結婚させたということになるわけですか。

山田●いえ、ラダックの場合は、娘にはできるだけたくさんのトルコ石をあげるようにしており、従来は娘1人しか結婚できませんでした。

井関●女の子が3人産まれたとしても、嫁に行くのは1人だけということですか。

山田●かつてはそうでした。お金持ちの家でトルコ石を用意できれば2人目も行けましたが、多くの場合、2人目や3人目は尼さんになる

か、結婚しないで過ごしていました。

鈴木●それで集落の人口維持はできたのですか。

山田●ラダックは乾燥地帯で、灌漑水路がないと畑が維持できないところです。原則として畑を分割相続させてこなかった。吐蕃王国時代の税体系は1戸あたりいくらという徴収システムで、分家すると多く払わないといけないから家を分けなかったのだといわれます。このため男性の場合、長男は盛大な結婚式を行って妻をめとり、次男は、簡単な結婚の儀式を行って、長男の妻を共有するというポリアンドリー[8]が行われてきました。そして三男は僧侶になるということが普通でした。長男は子どもにとって「大きいお父さん」、次男は「小さいお父さん」となります。ただ、現在では、次男以下もそれぞれ妻をめとるようになり、ポリアンドリーはあまりみられなくなっています。

伝統的な民族衣装の維持と変容
──機能向上と世界的混淆のなかで残る地域性

小磯●みなさんの調査地では、伝統的な民族衣装の着方は変わってきていますか。

小西賢吾●チベットでは、いわゆる民族衣装を四六時中着ている人は減っていて、普段はTシャツにジーンズ姿の人もいます。とはいえ、やはり重要な節目のとき、お寺の儀礼や年中行事、高僧や位の高い人に会うときなどには、民族衣装を着て帽子をかぶって正装する習慣は、現在でも守られていますね。

小磯●チベットの人たちの衣装の袖は、なぜあんなに長いのですか。寒さのためですか。

山田●寒さもありますが、夏に両袖を脱いで、紐代わりにして縛るのに便利だということもあるのではと思っています。

---

[8] Polyandry。通文化的にみると、結婚制度には一夫一妻を原則とする単婚制（monogamy）、複数の配偶者を認める複婚制（polygamy）があり、複婚制には複数の妻が認められる一夫多妻婚（polygyny）と、一人の妻に複数の夫が認められる一妻多夫婚（polyandry）がある。

▶写真11
チベットの
女性の装い
お寺の行事や高僧
に会うときなどは、
袖の長い民族衣装
を着けて正装する
〈中国四川省シャ
ルコク地方〉

▶写真11
チベットの
女性の装い
お寺の行事や高僧
に会うときなどは、
袖の長い民族衣装
を着けて正装する
〈中国四川省シャ
ルコク地方〉

小西●長い袖の服を、普通に着るのではなく片肌を脱いで着ることが「かっこいい」というか、かれらの美意識とつながっている面もあります。あの袖を活かしたダンスもあります。

アヒム・バイヤー●あの長い袖は便利です。チベットは寒暖の差が激しくて、寒いからといって日陰から出ると暑い。片袖だけ出して調節するとちょうどいいです。

小西●しかも片袖を出すことでできる懐の空間に、たくさんものが入りますしね。

「自分たちの装い」を頑なに捨てないインド人

井関●インドを調査している人に聞きたいのですが、インド人というのは、世界中でもっとも民族衣装を着ることをやめない人たちだと思います。あの頑固さはいったいなんでしょう。(笑) 家に帰るとトレーナーにジーパンなのに、どこに行くにもきちんと着て行く。

小磯●伝統的なコンサートに行くときなどはトラディショナルなものを着ますね。でも、すべての外出時というわけではないでしょう。

金谷美和●いや、インドでも私が調査に行く地域は、もっと保守的です。普段からジーンズなんか絶対に着ません。そんなものを着たら追い出されるという雰囲気です。(笑)

井関●インドは繊維素材や布を世界中に売りまくっているのに、自分

たちの装いは頑なに捨てない。私らなんか、とっくにすっかり、伝統的な日本人じゃない装いなのに。(笑)

山田●アフリカのザイール(現コンゴ民主和国)に調査に行ったとき、ブカヴという町にインド人がいたのですが、アフリカの片田舎の町でもサリーを着ている。「なにこの人……」って思いましたね。(笑)

井関●本当に頑固にどこに行ってもそれで通すでしょう。

山田●もちろん最近では、ニューデリーなどの都会ではジーパンも増えていますけど。

井関●でも、あれはおそらく顰蹙(ひんしゅく)ものなのだと思いますよ。

小磯●顕著になったのは2000年以降ですね。

山田●たしかに若い人たちは批判を受けながら着ていると思います。

井関●公的行事のときには民族衣装を着ることが法律で義務づけられているブータンなどと違って、インドの人たちは自主的に民族衣装を着続けている。なぜだか不思議になるときがありますね。

家周辺では民族衣装、遠出のときに洋服を着る牧畜民

坂井●ケニアの牧畜民で、普段はビーズ装飾と腰巻布だけの民族衣装を着て暮らしている人たちがいます。その人たちは、町に行くときは洋服を着ます。でも外国人がいる場所に行くときは民族衣装で、家でも民族衣装なんです。服の選択がどこで変わるのか、快適さなどに関わるのか、不思議に思ってみていました。

鈴木●それは近接性の概念から理解できるのではないですか。町は家や共同体ではなく外側だけれども、じつはそこで出会うのは同類の人びとだという認識でしょう。

坂井●同類ではない人たちに対して「自分は○○民族で、こんなステータスで、こんな経済状況だ」といった情報を示す必要がある社会だったら、おそらく民族衣装を着ますよね。

鈴木●外国人がいる場所では民族衣装を着るのは、まさにそうだと思います。

井関●私は、エチオピアのムルシ[9]という牧畜民の「皮鞣しの技術」を調査するために、ヒツジの皮を買って、模様付けから鞣し、皮衣に仕立てて着るまでの全工程を調査したことがあります。そこで聞くと、貧しい人は皮衣で過ごしますが、お金のある人が町に出て暮らすあいだは、バカにされないように普通の服を着るという話でした。村に帰るときは、服はお金を持っている象徴なので着て帰る。「だけどあれは暑い。健康に悪いから村に帰ったらすぐに皮の腰衣1枚になる」と言っていましたね。(笑)

小磯●服の選択には気候風土に関連して快適かどうかが影響するし、生業も関わりますね。

坂井●それと外国人以外の外部の目、たとえば他民族からどう見られているのかも関係すると思います。

井関●さまざまな人が集まる場所に行くのか、一つのグループが集まる場所にストレンジャーとして行くのかによっても、装いは変わると思いますね。

坂井●自分たちの存在を主張していい場所か、すべき場所か、してはいけない場所なのかということですね。

山田●ケニアでも、たとえばナイロビに出るときには、民族衣装だと「あいつらはまだあんな恰好をして……」とバカにされますから、洋服を着るでしょうね。

---

[9] エチオピア南部に暮らす民族。女性が下唇部分に穴をあけて皿を入れる習慣があることで知られる。

山田●ミクロネシアのプンラップ島の子どもたちは、学校に行く
ために島を出るときにはワンピースを着て行きますが、島に帰れば
脱ぎ捨てて腰巻だけになります。

井関●私たちは子どものときから下着を着けてきたから気になりませ
んが、一定の年齢に達してから下着を着けると違和感があって、脱ぐ
とすごく解放感があるようですね。

山田●それもありますが、島の暮らしで言うと、排泄の問題も関係し
ます。たとえばプンラップ島の人たちは海に入って用を足しますから。
腰巻だけならパッと行ってできる。装いの選択に関して、とくに女性
の排泄、トイレの問題の影響は大きいと思います。

井関●それはアフリカなどで調査していても感じますね。「トイレは
ない。あっちで済ませてこい」と言われる。だからフィールドワーク
には腰巻布を持って行くようになりました。

金谷●インドではトイレのない家が多くて、屋外で用を足すので安全
性の問題もあります[10]。インドの女性があまりジーパンをはかない
理由の一つは、それもあると思いますよ。

井関●民族衣装が維持される隠れた要因の一つが明らかになったよう
ですね。(笑)

山田●インドやミクロネシアの島で伝統的な装いが維持される一方で、
日本では和服を着る人は少ないですね。

井関●学生が言っていましたが、「着にくさ」という点が影響している
と思います。韓国のチマ・チョゴリもインドのサリーでも一人で着ら
れますが、現代の和服は難しいでしょう。

金谷●和服を着たいと思う人は多いはずですよね。でも幅の広い帯は
一人では着付けが難しくて、といって簡易的な帯を着けていると、着
付けや着物に詳しい年配の人たちからいろいろ言われてしまう。(笑)

---

[10] インドでは、ヒンドゥー教の浄・不浄観念を背景として、家にトイレを設けな
いことが多い。2017年時点でインドの人口13億のうち5億がトイレのない家
に暮らすという(朝日新聞デジタルの記事より〈https://www.asahi.com/articles/
ASKCR 45 GWKCRUHBI 00 F.html〉)。

だから「それならいっそ着ない」となってしまう。

山田●簡易的ではなく細帯で簡単に締められる帯があればいいですね。

井関●和服は1600年代半ばぐらいの着付け方の状態で止めておいたらいいのに、明治時代に呉服屋が「儲けんかな」の精神で幅広の帯が正式だとしたのが問題です。1600年代半ばごろまでのように紐や細幅の帯で着るかたちに戻せば、誰でも一人で着られます。先が読める人がいて、庶民のための半幅帯を正装としていたら……。呉服屋の販売方向の失敗ですよ。(笑)

グローバル化に抗う装い

山田●日本で和装が減ったのは、着にくさに加えて生活環境の変化やグローバル化の影響もあると思いますが、インドやミクロネシア以外にも、グローバル化の影響を受けつつもその地域らしさを残しているところもたくさんありますね。

小西●現在は世界中どこに行っても同じような服が手に入ります。その状況だからこそ、一人ひとりが自分の装いとはなにか、自分が出せるのはどこかを常に考えている。グローバル化はある種の均質化ですから、みんなと同じにはしたくないという気持ちが生まれ、アイデンティティの再認識にもつながっていると思います。

山田●ヨーロッパでも、とくに女性は同じようなものを着ていそうで、各国で違いますね。

バイヤー●基本的にイタリアとスペインの女性は、北ヨーロッパの国の女性より服装を気にする人が多い印象を受けます。

坂井●世界中で同じような服が手に入るのはそのとおりで、私が支援や調査で行くウガンダ北部で暮らすアチョリの人たちも、私たちと同じような服装をしています。これも民族性を再認識するときに伝統的な装いが意識される一例なのかもしれませんが、うなづき症候群[11]の

---

[11] アフリカ東部で発見された小児にみられるてんかん性の脳症で、何かを食べるか寒さを感じると発作的に頷く動作を起こすほか心身に障害を起こし、成長が恒久的に止まる。1990年代からスーダン南部で、1960年代にタンザニアで、2000年代からウガンダでそれぞれ発生が確認されており、いまだ発症原因が不明なため、有効な治療法は確立されていない。

患者さんの支援を行っている私たちに対して、彼らは「アチョリの民族性を常に感じて、その存在を外から来た人に主張するために、伝統的な布でユニフォームを作るお金を援助してくれ」と要望するのです。機能的な装いが入手しやすくなっても、「自分たちとは何者か」を外部に示すために、グローバル化しない装いは残っていくだろうなと感じます。

小磯●彼らが描くその衣装のイメージはどんなものですか。

坂井●アフリカの布を使うというだけです。ユニフォームというぐらいですから、いわゆる民族衣装というものではありません。

山田●そこで使われる布は、アフリカ特有の伝統的なプリントではないのですか。

坂井●その人たちが求めているのはプリント布ではなく、日本の絣のような柄をした国内産の綿織物です。すごくほしがっていて、この欲求がグローバル化に抗う衣装を残す力だと感じますね。

他者の存在と眼差しが生み出す「装い」の差異と変容

山田●座談会Ⅰでの議論でも出てきましたが、現代の民族衣装や伝統的衣装の様相をみていると、装いの文化の背景には、やはり他者・他民族との差異化の欲求があるように思いますね。

小磯●他集団に対する差異化は同時に、集団内における共通性の提示とアイデンティティの強化でもあります。衣服はそのときのシンボル、表象として集団を統一していくための、ある意味でもっともわかりやすい手段だと言えますね。

井関●たとえばインドの男性が正装として着るマオカラーのボタンで留める服装は、決してインドのオリジナルではなく、洋服に由来しています。チャイナドレスも洋服の影響を受けているし、ベトナムのアオザイもベトナム民族がもともと着ていたものではありません。

装いと独立
──西欧への
憧憬と反抗の
併存

アジアやアフリカの人たちはどこかで西洋志向があるので、この200年ほどの間に「ヨーロッパ人好みのわれわれの服」という洋装化した衣装を作り出したわけです。

ザイールを牛耳っていたモブツなども、蒋介石が好きなのか毛沢東が好きなのかわかりませんが、あの暑い国でマオカラーの服を着るでしょう。やはり白のシャツにネクタイという西洋風そのままの服装は嫌で、ここに毛沢東思想の影響があるのかなと思います。(笑) ですから、その国の礼装をどんなものにするかをみるだけで、その指導者がなにを目指しているのかがわかる。100年か200年ぐらいの新しい国家だから、王によって権威づけられるのではなく、民衆に認知される権威づけが必要で、その際に制服化された装いが使われる。これはおもしろいと思いますね。

小磯●マオカラーを着る指導者は、社会主義や共産主義系の新興国でかなりみられますね。

▲写真13
緋のような布を
腰に巻く
アチョリの女性

アフリカ特有のプリント更紗ではなく、東アフリカでは「キコイ」と呼ばれる綿織物が使われる。19世紀に綿布がインドから輸入され始めたころに入ってきた柄である

坂井●アフリカには「アンチ・ウエスタン」を掲げてアフリカ的社会主義を目指した国が多く、中国からの支援が1960年代から入っていましたから、その影響はあると思います。

小磯●インド独立の立役者であるガンディーも、装いを政治的に利用したと言えます[12]。インドの人びとの気持ちを一つにするために、彼は衣を本当に上手に使っています。

川村義治●孫文もそういうところがありませんでしたか。

小西●中華民国の建国期には、清朝時代の装いから変えようとしましたね。とくに辮髪[13]は異民族の習慣だと漢族は捉えていて、まずそれをやめて新しい国をつくろうとしました。

---

[12] 詳細については155頁からの小磯千尋による論考を参照。

[13] アジア北方諸民族のあいだで古くから行われていた男子特有の髪型。後頭部をのぞいて頭髪を剃り上げて、残した髪を長く伸ばして編んで背後に垂らす。清代では漢民族にも強制された。

川本●アンチ・ウエスタンということで言えば、イランでもネクタイはしません。イスラーム革命後、あれは堕落した西洋文化の象徴です。でもスーツは着ている。だから日本のクールビズはイラン・イスラム共和国の装いみたいです。(笑)

鈴木●インドやミクロネシアの例で、仲間内では普段着とか上半身裸で問題ないけれど、島外に出るときは洋服を着るという話がありましたね。これはつまり、他者の視線が発生する境界線がどこかにあるわけですよね。

井関●「他者の視線」＝「異文化、他の部族・民族」で、同じコミュニティ内であれば、べつに裸だろうが何だろうが、なんの問題もない。

坂井●もしくは裸の状態でもなにかアクセサリーなどの印を付けていて、その印はコミュニティ内ではみせていることが重要だけれども、外に出れば隠してもいい。だから着るという場合もありますね。

井関●先ほどもユニフォームの話がありましたが、衣服文化が遅く始まった地域ほど、群れて服を着るのが好きですね。アフリカのキリスト教の教会に行くと、グループごとに衣服が違います。一つの宗派で男女ともに同じ服を着るグループもあり、各グループが信じるキリス

他者の視線と差異化、そして社会的身体保護

◀写真14 カメルーンのバメンダ長老派教会メンバーのミサの服装

左から2番目の男性が着ているのは、説教「人間をとる漁師」（ルカによる福音書5章1〜11）をテーマにしたプリント布

ト教の分派の聖人に由来する柄がプリントされた服を着ている。

　王様から招かれる儀礼のときも、グループみんなで揃ったものを着ます。他グループが持っていないものを着られる誇らしさみたいなものもあるのだと思います。

山田●教会での礼拝や儀礼の機会では、自分たち以外のいくつかの集団が混じることが前提で、そこでの装いには集団としての表象を他者に提示するという意味がありますね。

鈴木●仲間であることを装いで示す。衣服にはもともと身体保護の目的がありますが、社会的な意味での身体保護のような感じですね。

多宗教・多民族ゆえの装い方

山田●とくにインドでの装いをみていると、社会的な身体保護の側面を強く感じます。おそらく多民族が混住しているので、それぞれの帰属を明示しないと混乱を招くのだと思います。頑固に服装を守ることで、「私は何民族で、どの地域から来てどんなステータスか」ということを互いに認識できる。宗教についても同様で、インドに行くと「あなたの宗教はなんですか」と最初に必ず聞かれます。宗教で相手がどんなアイデンティティを持っているのかを理解し、服装から帰属やステータスを認識することで、多宗教・多民族のなかでもトラブルを回避して暮らしていく。多民族国家では、装いは自分の存在を主張して守るための唯一の手段だと思います。

小磯●とくに女性はそうですね。男性なら髭の生やし方や帽子など、パッと見てイスラームだとわかる場合がありますけどね。

山田●装いが、わざわざ言葉にしなくても互いにわかり合えるシンボルになっている。みんながジーパンを着て歩いていたら、それがわかりづらくなってしまう。

坂井●グローバル化に影響されたジーンズのような装いをしないのは、よけいな衝突を避ける意味もあるということですか。

山田●社会的にそういう機能があると思います。

金谷●「本当のよそものではないですよ」というメッセージでもありますよね。

井関●インドできちんとしたホテルに泊まろうと思ったら、私は
パシュミナショールを首に巻きます。するとタクシーでも「ホテル
○○」と言うとサッと連れて行ってくれる。汚いジーパンのままで
行ったら、フロントで「満室です」とか言われます。(笑) そこで、さり
げなく「ふーん……部屋ないの」と言って、シュッとパシュミナを巻
く。かつてはそれにダイナーズのカードを出せば、「すみません、空室
があるのを見落としていました」って。(笑)

小磯●まさにそれがインドですね。本当に服装で人をみる社会です。(笑)

井関●パシュミナを巻いたら、自分で荷物を持つようなことをしては
いけません。たとえば駅でもパシュミナを巻いたきちんとした装いを
していたら、すぐに赤帽が来て「何号車のお席でしょうか」といって
運んでくれる。(笑) 逆に、インドでそういうことがわずらわしいときは、
パシュミナをはずしてジーパン姿になれば、すぐに普通の旅行者に戻
れます。

山田●微妙なすべてが服装で表現される社会ですよね。

小磯●私も最初にインドに行ったころ、下宿先の家族から映画に行こ
うと言われたので普段着のまま行こうとしたら、「とんでもない」と
言われて着替えさせられました。インドの映画館は社交場なんですね。
みんな一張羅とは言いませんがきれいなサリーで行く。「汚い外国人
を連れてきたなんて言われたら、うちの沽券にかかわる」と。(笑) 服装
がすべてなんです。外国人という存在はいいけれど、服装が普段着で
はだめだということでした。

山田●インドでは装いに込められたメッセージ性が強く、ステータ
スを示しますからね。

鈴木●装いに込められたステータスやメッセージについて考える
際に、調査対象者の周囲を取り巻く社会や集団について、その人を
中心として関係が近い順に同心円状に配置する図を描いてもらって、
その人たちに会うときどんな服がふさわしいと考えるかを描いても

らったら、なにかパターンがみえるかもしれません。おそらく二つの同心円が描けて、一つは身内を中心とする親族や村の円で、もう一つが会社や学校、街での円。そのなかで、どんな色、どんな生地の服が望ましいと思うかという服認識の調査は、一つの研究テーマになるように思います。

井関●そんなことを訊ねたら、いかにもらしいような嘘をつかれませんか。(笑)

鈴木●その嘘も重要かもしれません。「望ましい」と認識しているということですからね。

小磯●いまインドの友人が来日して家に滞在していますが、彼女は普段はジーパンを着て過ごしているのに、日本でどこかに行くときは「サリーを着ないと。それを期待されているんだから」と言いますね。

井関●日本での私のパーティーのときも、頼んでもいないのにカメルーンの人は民族衣装を着てくれていました。望まれていることが何かをよくわかっている。

鈴木●すごく興味深いですね。どのような身分や関係性の人からの期待かによって、それに応える装いの生地や色にもランク付けがあるのでしょうね。

委譲される服が持つ意味と機能

金谷●インドでみられる装いをめぐる大きな動きとして、模倣が挙げられます。上位集団のカーストの装いをまねしたり、上位集団の服をもらって着たりする。ある村では、ヒンドゥーの集団が、同じ村の上位集団であるムスリムの牧畜民を模倣した服を着ています。かつて不可触民だったヒンドゥー教徒がムスリムとそっくりの服を着ていて、見た目では区別できません。よくみると、各地にいるかつての不可触民の集団は、住んでいる地域によってまったく服が違って、その地域の上位集団とよく似た服を着ています。これは差異化ではなく模倣の動きですね。

井関●衣服を持っていなかった集団にとっては、王や上位集団が着た服をもらうことは隷属することである一方で、ファミリーとみなされ

たという誇りやうれしさもある。だからハイクラスの人が服を下賜することは、世界の多くの地域でみられます。日本でも、かつては徳川家康が着ていた服をもらったという口伝がありますね。こうした「衣服の下賜くだされ文化」は、ヒエラルキーが強固な社会ほど多くみられると思います。

金谷●亡くなったときの形見に衣服をあげることもありますね。

井関●やはり衣服はある種のお金だったのだと思います。貨幣を持たない文化圏では、服をあげることは褒賞金、もしくは形見分けではなく言うならば「身分わけ」ですね。現代でも、カメルーンの伝統的首長国では、王様から衣服が下賜されることがあります。それを身に着けることがその人の身分の保証になるので、羽根やバッグなどが下賜されることがありますが、その最たるものが王様が着ているような服をもらうことです。反対に、その服を持っていなかったら身分の保証をもらえません。衣服というのは、そういう身分の表象です。ちなみに私は、その王国の２番目のクラスの身分をもらっています。

小磯●そのランクはいくつぐらいあるんですか。

井関●三つか四つのランクがあります。外来の他民族集団の人は簡単には高いランクの身分はもらえないんですよ。カメルーンの王国を調査している人は、みんなランクが上のアイテムを持っています。これが写真を撮るときなどにはとても便利で、それを着けていたら警護している人も「どうぞ」という感じになる。(笑)

小磯●それでフリーパスになるわけですね。

井関●「その装いをしている」＝「その身分の人」ということになるわけです。

山田●人類にとって装いとは、意図の有無にかかわらず帰属やステータスを示すもので、その機能や効果を規定するのは他者や他集団の存在だということが言えそうですね。そのことを踏まえて装いを観察すると、その集団や社会の地域性や民族性がみえてくると思います。

伝統ある絞り染め布を
ファッションとしてまとう
装いからみる現代インド社会の変容

金谷 美和

1 職人による衣装製作と着衣文化の変容に着目して

インドは、豊かな衣装文化をもった国である。それを生み出しているのは、素材や染織の技法の多様さである。それに加えて、衣装の選択に社会的規範が関わっていることも一つの大きな特徴である❶。宗教やカースト、民族などの社会集団、男女の区別、人生のどのような過程にあるかなどと結びついて、着るものの決まりがあることが、多彩な衣装を生み出している。

この多彩な衣装を生み出すには、職人の存在が欠かせない。本稿では、インドの職人がどのように衣装をつくり出しているのか、そして、その衣装を着る人たちがどのような社会的意味をもってその衣装を着ているのかについて論じたい。

さらに、着る文化の変容についても論じたい。これまでは染めや織りに従事する職人が手仕事による衣装製作を継承してきたが、1970年代後半以降、合成染料や複製技術の導入によって布の大量生産が可能になった。その変化は手仕事による布の生産現場や職人たちに影響を与えているのはもちろん、インド人の着る行為や意味までをも変えている。またこのことは、日本の私たちの衣服をめぐる問題につながっている。

本稿では、広いインドのなかでも、染めによる衣装文化の発達したカッチ地方❷をとりあげ、「絞り染め」という手仕事によってつくられる衣装を紹介する。

写真1は、絞り染めの「被り布」である。約2メートル四方の大きさで、女性が上半身にまとう衣装として使われる。絞り染めの衣装の特徴は、①女性の婚礼衣装に用いられていること、②一枚布であること、③頭に被るという着衣形態をとることである（写真2）。とくにカッチ地方では、あらゆる宗教やカースト集団

---

❶ 例えば、19世紀のインドにおける階層と着衣規制について論じたものに［小林 1999］、植民地期の英国支配下の着衣規制について論じたものに［コーン 1995；ビーン 1995］、カースト関係の規範に注目した［Tarlo 1996］がある。カッチ地方におけるカーストと着衣の関係については［金谷 2007a；Edwards 2007］がある。

❷ カッチ地方は、インド西部グジャラート州の県である。北部はパキスタンに接し、西側はアラビア海に面している。半乾燥地帯に位置し、年間降水量が300ミリメートルから400ミリメートルと少ないため、生業として牧畜が卓越している。また、地勢的特徴から、歴史的にアラビア半島や東アフリカと交易が行われ、人や物の交流が活発に行われてきた。

▲写真1　絞り染めの「被り布」
イスラーム教徒のクンバハール・カーストの花嫁が
着用するもので「カマリヤー」と呼ばれる。著者所蔵。

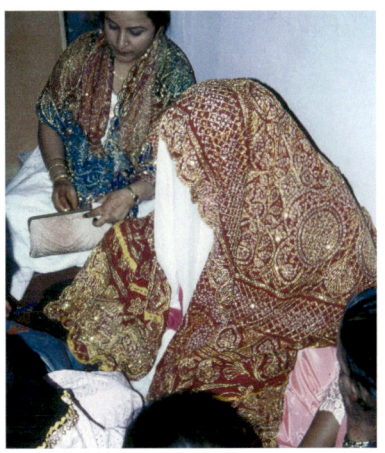

▲写真2　婚礼衣装として着用される被り布
イスラーム教徒のカトリー・カーストの結婚式で
の花嫁。白布で顔を隠し、頭にも被り布を着ける

◀写真3　絞り染めの括り工程
布をつまんで、糸で括るという地道な作業を
繰り返す。職人は、工房から仕事を請け負って、
自宅で作業をする

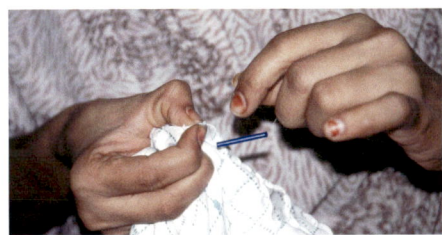

▲写真4　絞り染めの染色工程
染色は、専門の工房でおこなわれる

▲写真5　括り工程を終えた生地
このあと染液で染めると、括った箇所が模様とな
る。筆者所蔵

の女性が結婚するときに身につける。

　絞り染め布をつくっているのは、カトリーという染色職能集団[3]である［金谷 2007a］。彼らは、現在はパキスタンに位置するスィンド地方から移住し、約400年にわたってこの地域で染色業に従事してきた。カトリーは、さまざまな集団の衣装を「染め分ける」ことで、社会集団を可視化してきた。

2 社会的規範に基づくカッチ地方の絞り染め

　カッチ地方では絞り染めのことを「バーンダニー」と呼ぶ。名称の由来は、その工程にある。絞り染めは、布の一部を糸で括ってから染液に浸して染めるという防染技法の一種である（写真3、写真4）。糸で括った部分には染料が染みこまず、染まらない部分に模様をつくることができる（写真5）。「括る」あるいは「絞る」という動詞は現地語で「バーンドヌーン」という。バーンダニーは、この動詞が変化した「括ったもの」という意味の言葉である。

　絞り染めは、市場の専門店で販売される。あるいは、客側が好みのカトリーによる染屋を決めていて、必要に応じて注文をすることも多かった。結婚にあたって婚礼衣装をあつらえたり、寝具を新調したりするというのが、そのような注文の機会であった。

　絞り染めは、伝統的には誰でも着られるものではなかった。着衣にかかわる社会的規範があり、それに従って着る人や着る機会が定まっていた。また、色や柄についても、着用者の好みのものが着られるわけではなかった。カーストや宗教にしたがった集団ごとに、結婚式で着るべきものが定まっていた。また男性と女性でも、その決まりは異なっていた。さらに女性の場合は、結婚後に嫁ぎ先における役割が定まり、衣服についての決まりは未婚の時とは変わる。絞り染め布は、こうした着衣の決まりごとに大きくかかわっている。

---

[3] インドにおいて、製造やサービスに関する職業は、ヒンドゥー教の社会制度であるカースト制度のなかで、特定のカーストと結びついた職能として展開してきた。カトリーはヒンドゥー教の染色カーストとして職能に従事していたが、約400年前にイスラームに改宗したあとも、この職能を継続している。

3 カッチ地方に暮らす女性の衣装の特徴

インド古来の衣装は、一枚布を身にまとったものだといわれる。それが現在の女性のサリー(サーリー)や男性のドーティー(写真6)につながっている。サリーは現在インド女性の国民的な衣装になっており[小林 1999]、カッチ地方でもヒンドゥー教徒を中心に近年よく着られるようになっている。ブラウスとペチコートをつけて、その上に一枚布を腰に巻きつけてから上半身を覆うようにまとい、布端を肩に垂らしたり、頭に被ったりする(写真7、155ページからの小磯千尋論考も参照)。

サリーが着用されるようになる以前、カッチ地方の女性の衣装は、一枚布を頭に被ることが特徴だった。上衣としてブラウスを身につけ、下衣として足首まで達する長いギャザースカートを履き、さらに、一枚布を頭に被る(写真8)❹。この布は「オダニー」と総称される。「被る」ことを現地語で「オドヌン」といい、オダニーとは「被るもの」という意味である。したがって筆者は、この被る布を「被り布」と和訳している。

また、若い女性を中心に着用されるのが、スルワール・カミーズ(サルワール・カミーズ)と呼ばれる衣装である。もとはパンジャーブ地方の衣装だったが、インド中で広く着用されるようになった。長めのブラウスとゆったりとしたズボンに加えて、一枚布をまとうのが特徴である。この一枚布は「ドゥパッタ(ドゥパッターまたはオールニー)」という名前で呼ばれ、頭に被ることもあり(写真9)、肩にかけることもある(写真10)。さらに、イスラーム教徒が近年着用するようになっているのが、「フロック」と呼ばれるワンピース状の衣装である。「イジャール」と呼ばれるズボンをその下に着用し、プタロと呼ばれる一枚布を頭に被る(写真11)。

4 婚礼衣装としての絞り染め布──吉祥の象徴

カッチ地方では、婚礼時には必ず絞り染め布の衣装を身につけるが、その生地の素材、模様や色は、宗教やカーストの違いに応じて異なっている。染色職能集団であるカトリーは、自分の顧客がどの集団に属しているのかを把握しており、

❹ インド西部では、西アジアの影響が強く、身体に合わせて布を裁断して縫製する衣装が広まっている。とくにイスラーム教徒が支配した地域では、その傾向が顕著である[中谷 1992:55]。

▲写真6 ドーティー
男性の一枚布の衣装。上衣は
クルタ、下衣にドーティーを
着用している

▲写真7 サリー
女性の一枚布の衣装。布端を頭
に被っている。着用者はヒン
ドゥー教徒のメーグワール・
カースト

▲写真8 被り布「オダニー」
上衣のブラウスはカーンチリー、
下衣のスカートはガーグロと呼
ばれる。着用者はヒンドゥー教
徒のメーグワール・カースト

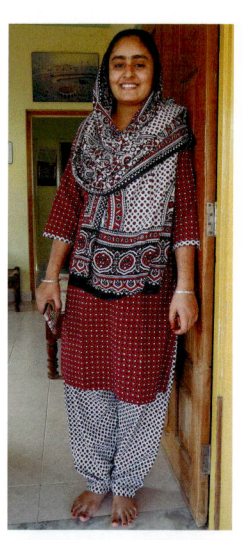

▲写真9〈左〉 ◀写真10〈右〉 スルワール・カミーズ
スルワール（ズボン）、カミーズ（ブラウス）を、ドゥパッターと呼ばれ
るスカーフと組み合わせる。写真9は布端を頭に被る着用法で、着用
者はイスラーム教徒のカトリー。写真10は布端を肩にかける着用法
で、着用者はヒンドゥー教徒のジェティ・カースト

▲写真11 被り布「プタロ」
フロック（ワンピース）とイジャー
ル（ズボン）を組み合わせ、プタ
ロを頭に被る。着用者はイス
ラーム教徒のカトリー

▲写真12〈左〉チャンドロカニー　▼写真13〈右〉パトワーリー
チャンドロカニーはカトリーの、パトワーリーはヒンドゥー教徒の牧畜民アヒールの婚礼用被り布

▲写真14〈左〉ガールチョーラー　▼写真15〈右〉プタロ
ガールチョーラーはおもにバニヤーという商人カーストが婚礼用被り布として用いていたが、現在では広く
ヒンドゥー教徒のあいだで好まれ、サリーとして婚礼時に着用される。プタロはアヒールの婚礼用被り布

その集団固有の模様や色で布を染める❺。着用者が求める要望に応じることで、カトリーは絞り染めの衣装の多様性をつくり出している。冒頭でカトリーが衣装を「染め分ける」と述べたのは、カトリーの仕事のやりかたに、このような特徴があるからである。

　婚礼衣装の具体例を示したい。カトリー自身の婚礼用被り布は「チャンドロカニー」と呼ばれる（写真12）。アヒールというヒンドゥー教徒の牧畜民の人たちが着用するのは「パトワーリー」と呼ばれる被り布である（写真13）。ジャイナ教徒やヒンドゥー教徒のバニヤーという商人カーストの人たちが着用するのは「ガールチョーラー」と呼ばれる被り布である（写真14）。「プタロ」は、ヒンドゥー教徒のメーグワール・カーストがよく着用することで知られる被り布である（写真15）。

　婚礼では、花嫁は、被り布を頭から被って顔を隠す。例えばイスラーム教徒の

❺ 詳細は［金谷 2007b］参照。

▲写真17　婚資の披露

式の最中に婚資が披露される。イスラーム教徒のカトリーの結婚式にて

▲写真16　ラバーリーの結婚式での花嫁

被り布は羊毛布で、絞り染めのうえに刺繍による装飾がなされる

◀写真18　邪視よけ

香水の瓶、硬貨などが婚礼用被り布に結びつけられる

カトリーの花嫁は白色の被り布で顔を隠し、そして頭から絞り染めの被り布を着用する。この二枚の被り布によって、花嫁は全身を布で覆われることになる（写真2、上掲）。同様に、ヒンドゥー教徒の牧畜民ラバーリーの花嫁は、被り布で体全体を覆う❻（写真16）。

　被り布は、贈り物としての意味も重要である。婚姻の際には、大量の贈り物がやりとりされる。そのなかで、花婿が花嫁の生家に贈る婚資と、花嫁の父が花嫁に贈る持参財が最大の贈り物となる❼。絞り染めの被り布は婚資の一部として贈られる。それぞれの贈り物は儀礼の最中に親族や招待客に披露され、吟味される（写真17）。結婚式は花嫁の家で行われるため、花婿一行は式のために花嫁の家を訪れ、その際に被り布が花嫁に届けられる。

　被り布には、邪視よけ❽がつけられて届けられる。婚礼用の被り布には、四隅に

❻ ラバーリーの衣装については［上羽 2006］を参照。

❼ 婚姻において、女性が生家から婚家へ移動する場合が多い。婚出する女性の生家側（与妻者）から、女性本人ないし婚家側（取妻者）へ贈られる財を持参財（ダウリー）、取妻者から与妻者へ贈られる財を婚資と呼ぶ。インドでは持参財制、婚資制ともに広く存在する。インド北部の上層ヒンドゥーのあいだでは、取妻者が与妻者よりも社会的に優位にたつとされ、多額の持参財を要求するとされる。持参財の額に不満をもつ取妻者が嫁を殺害するダウリー殺人が発生したり、持参財の負担をきらって女児の出生を嫌う傾向が根強く残っている［鹿野 1992］。

❽ 邪視とは、ヨーロッパ、アフリカ北部、中近東、南アジア、東アジア、東南アジア、南北アメリカ大陸の先住民社会など広範囲に存在する民間信仰の一つである［Maloney 1976: vii〜viii］。まな↗

香水の瓶、硬貨、ビンロウの実[9]、さやつきの落花生が括りつけられる。これらのものに悪いものを移して、被り布を被る花嫁を邪視から守るのだという(写真18)。

　花嫁は儀礼のあいだ被り布で顔を覆ったままであり、顔は見せない。式が終わるとただちに花婿の家に連れていかれ、嫁ぎ先の家でも様々な儀礼が行われる。そのあいだも花嫁は顔を覆ったままである。夫と二人きりになって、初めて被り布を頭からとって夫に顔を見せる。嫁ぎ先において特定の親族に対して顔を隠すという行為は、結婚後も続けられた[10]。現在では、多くの家庭で結婚式の翌日以降は実践しなくなっているものの、結婚儀礼のなかでは実践され続けている。

　さらに、絞り染めの被り布は結婚後も女性のジェンダーと結びついて着用される。結婚式のときに夫から贈られた絞り染めの布を女性は晴れ着として着用するが、夫が亡くなって寡婦になると着ることができない。しかし、女性が夫よりも先に亡くなると、遺体に絞り染めの布が掛けられる。ヒンドゥー教では、既婚女性は吉祥であるという宗教的な観念があり、そのような女性を「スハーガン」と呼ぶ [Fruzzetti 1990: 130]。そしてカッチ地方では、絞り染めの布や衣装はスハーガンの象徴だとみなされている[11]。したがって本来は、未婚の女性や夫を亡くした女性は、絞り染めの衣装を着ることはできなかったのである。

5　ファッション化する絞り染め布——おしゃれ着としての展開

　伝統的には既婚女性のみが着用できた絞り染め布の衣装だが、近年ではその着用状況に変化がみられ、未婚の女性たちも、おしゃれ着として着るようになっている。この地方で1970年代後半にはじまった行政による手工芸開発によりス

ざしには災いを与える力があり、結婚式の花嫁花婿のように、大勢の人にみられる機会のある人は、あらかじめまなざしの与える災いを避けるために、邪視よけのまじないを行う。

[9] ビンロウ (学名 *Areca catechu*) はヤシの一種で、この実をコショウ科のキンマの葉や石灰と一緒に噛む嗜好はアジアの広い地域でみられる。

[10] 女性は婚家において義理の父と義理の兄に対して顔を隠すという慣習があり、「アンダル」と呼ばれる。

[11] デュモンによると、インド社会における中心的な価値体系は、浄／不浄のヒエラルキーであるとされ、男性／女性の区別にも貫徹し、女性の劣位性を説明するとされた [デュモン 2001]。それに対してインドにおける吉／不吉の観念は、女性の豊かな象徴世界を明らかにするものとして提示された [常田 2011: 12-15]。

カーフなど都市向けの商品展開がされたこと［金谷2007a: 154］、また1980年代末に都市部で民族衣装が流行したこと［Tarlo 1996: 284-317］が契機となった。さらに、1990年代以降のインドの経済発展により、ファッション市場は拡大した［杉本2015: 208］。絞り染めの流行がカッチに環流したのは、おそらく1990年代以降のことであろう。絞り染めの衣装は、婚家での役割に基づく着衣規制や儀礼の文脈を離れて、その吉祥性から人気を集め、服飾の流行の一つになっている（写真19、20）。

　色の変化も顕著である。婚礼用の絞り染めは、赤色と黒色の地色に、白や黄色、緑色の斑点による模様表現が主であった。赤は吉祥の色として、インド全域で結婚式の衣装として好まれる色である［Beck 1969］。しかし、最近のおしゃれ着としての絞り染めの流行のようすをみると、赤色に限らず多様な色が好まれている。2015年の流行色は蛍光色で、目に鮮やかな、きらきらとした色が人気を博していた。これも、合成染料の発展とともに可能になっているといえる。染色業者のカトリーたちは、流行のめぐりに合わせて、多彩な色を染めることが求められている。

　ファッションの一つとして選択されるものになった絞り染め布は、一時の流行として捨てさられるのではなく、吉祥という象徴性のために女性たちに愛され、選ばれ続けている。そのおかげで、絞り染めという手仕事の伝統技術が継承されているという面がある。

　しかし一方で、手仕事の現場においても、人工的な素材を活用したり、工程の一部に省力化のための道具を取り入れたりすることで、色や模様のついた布を、より安価に大量につくることができるようになっている。そのことでつくられる布が変わり、着る文化にも変化が生じている。

　そのような技術の展開に、模様の複製技術の発展がある。絞り染めの技法でつくられる模様を型を使って複製するようになり、「絞り染め風」の布がつくられた。まず用いられたのは木版捺染であり、次にスクリーン捺染である。木版捺染は、木型を使って模様染めを行う技法で、更紗をつくる方法の一種である⓬。こ

⓬ 捺染（Printing）とは、『染色加工の事典』によると、「捺染は字義からすれば印捺と染色の縮小語であって、印捺によって色材を被染布上に定置して模様の形を与え、その色材を染着させることによって染色物をつくる模様染めである」とあるように、模様染めの技術である。しかし、それだけでなく、それまで浸染でしていた単色の染めを、捺染することでより少ない染料で可能にした技術である［日本学術振興会繊維・高分子機能加工第120委員会 1999: 265］。押し型や版を用いて、布に多色のデザインや模様を施すことは、紀元前4世紀にはインドで始まっていたと考えられる［Wuff 1966: 224］。

▲写真19
絞り染めサリーの専門店
おしゃれ着として着る予定の
サリーを買う女性たち。蛍光
色のサリーを選んでいた

▶写真20
絞り染めサリーを
染めている職人
流行の絞り染めサリーを
染める職人。蛍光色の染
色にも対応している

の技法は、実はこの地方では古くから用いられてきた。少なくとも、カトリーたちがスィンド地方からもたらした絞り染めと同じぐらい長い年月、製作してきた技術である。ただし、1970年頃には木型に金属をくみあわせた型を開発して、絞り染めの模様を複製するようになった。

もう一つが、スクリーン捺染と呼ばれるものである[13]。この技術は、カッチ地方では1970年〜1980年頃に導入されたといわれている[14]。そして、これを行っているのが、絞り染めをつくっているのと同じ、職能集団のカトリーである。

これらの技法を用いて、手仕事でも大量の染め布がつくられるようになった。例えばある工房では、1日に数千メートルの布を染めることができる。それによって、消費者は色柄のついた布を安価に購入できるようになった。そして、着衣の実践に変化がみられるようになった。社会的規範に沿った衣装を着用していたインド社会においても、好みや流行に沿った衣装を着ることが当たり前になってきている[15]。前述のように、かつて衣装を新調するのは特別なことで、結婚式や祭礼の機会にカトリーに注文していた。しかし現在では、流行に合わせて頻繁に新しい衣装を購入するという習慣が、あらゆる層の人びとにとって、当たり前のように実践されている。筆者は、安価な色柄のついた布の流通と、それによって衣装の消費サイクルが速くなっている現象を、インド式のファストファッション[16]と呼びたい。

日本や欧米で展開しているファストファッションは、大企業がコスト削減をはかって途上国に外注して製造されている。そのような業態とは異なるものの、安価で速い流行に沿って提供されるファッションという点で、ファストファッションに相当すると考える。インドで生産されて、インドの人たちが着るファストファッションという現象が生じているのである。

---

[13] スクリーン捺染は、特定の部分に薬品で加工して染料や顔料が浸透するようにしたスクリーンを布の上に乗せて、刷毛やローラーで色糊を刷り込む技術である。

[14] 大量に染色をおこなう技術は1970年代〜1980年代にカッチ地方に導入された。染色業者は、染色品の需要が少ないと手仕事によって少量生産をおこない、需要が多くなるとスクリーン捺染によって大量生産をおこなってきた。

[15] サリーのファッション化については [杉本 2009] を参照。

[16] ファストファッションとは、安価な衣装が速い流行のサイクルで提供される業界のシステムのことを意味する。

　これは、ファッションが大衆化もしくは民主化したことだとも考えられる。かつては一部の特権階級に独占されていた、流行を追って衣装を着替えるという楽しみを、あらゆる階層の人びとが享受できるようになったことは、喜ばしいことだといえる。しかし一方で、染色の産地や生産者に、さまざまな問題を引き起こしている。その一つが環境問題である。染色にとって、水は重要な自然資源であるが、染色品の大量生産によって、水の枯渇を招いたり、水の汚染を招いたりしている。また、価格が安いということは、生産者の工賃が下がっているということである。機械プリントと価格競争をすることで、より安い工賃で生産せざるを得ない状況が、生産者の疲弊を引き起こしている。

　このような現象は、インドだけで発生していることではない。例えば、バングラデシュやカンボジアで劣悪な労働環境と条件でつくられるファストファッションを日本の私たちは享受している[17]。日本における私たちの装いの文化に生じている、さまざまな課題とつながっているのである。

───────────────

[17] バングラデシュでつくられるファストファッションについては、［長田 2016］がある。

参考・参照文献

Beck, Brenda E. F. (1969) "Colour and Heat in South Indian Ritual." *Man* (N.S.) 4 (4): 553-572.

Edwards, Eiluned (2007) "Cloth and community: the local trade in resist-dyed and block-printed textiles in Kachchh district, Gujarat." *Textile History* 38 (2): 179-197.

Fruzzetti, Lina M. (1990) *The Gift of a Virgin: Women, Marriage, and Ritual in a Bengali Society*. New Delhi: Oxford University Press.

Maloney, Clarence (1976) "Introduction" In Clarence Maloney ed. *The Evil Eye*. New York: Columbia University Press, pp.v~xvi.

Tarlo, Emma (1996) *Clothing Matters—Dress and Identity in India*. New Delhi: Viking Penguin Books.

Wuff, Hans E. (1966) *The Traditional Crafts of Persia: Their Development, Technology, and Influence on Eastern and Western Civilizations*. Cambridge: The M.I.T. Press.

上羽陽子 (2006)『インド・ラバーリー社会の染織と儀礼──ラクダとともに生きる人びと』京都：昭和堂。

金谷美和（2007a）『布がつくる社会関係——インド絞り染め布とムスリム職人の民族誌』京都：思文閣出版。

―――（2007b）「『職人』とは誰か——民族誌のなかのインド職人カースト像の再考」稲賀繁美編著『伝統工藝再考　京のうちそと』京都：思文閣出版、pp.566-588。

―――（2012）「カトリー〈グジャラート州〉染色カーストと女性の仕事」金基淑編著『カーストから現代インドを知るための30章』東京：明石書店、pp.216-224。

鹿野勝彦（1992）「持参財・婚資」辛島昇ほか監修『南アジアを知る事典』東京：平凡社、311頁。

小林勝（1999）「サリー／サリー以前——カーストと着衣規制、そして国民化」鈴木清史、山本誠［編］『装いの人類学』京都：人文書院、pp.127-145。

コーン、バーナード S.（1995）「布、服、そして植民地主義——一九世紀のインド」アネット・B・ワイナー、ジェーン・シュナイダー［編］『布と人間』佐野敏行訳、東京：ドメス出版、pp.443-515。

杉本星子（2009）『サリー！サリー！サリー！——インド・ファッションをフィールドワーク』東京：風響社。

杉本星子（2015）「インドのモードファッションと「手仕事」のナショナリズム」三尾稔・杉本良男編『現代インド6 環流する文化と宗教』東京：東京大学出版会、pp.189-213。

常田由美子（2011）『ポストコロニアルを生きる——現代インド女性の行為主体性』京都：世界思想社。

デュモン、ルイ（2001）『ホモ・ヒエラルキクス——カースト体系とその意味』田中雅一、渡辺公三訳、東京：みすず書房。

長田華子（2016）『990円のジーンズがつくられるのはなぜ？——ファストファッションの工場で起こっていること』東京：合同出版株式会社。

中谷純江（1992）「衣服」『南アジアを知る事典』東京：平凡社、pp.54-56。

日本学術振興会繊維・高分子機能加工第120委員会［編］（1999）『染色加工の事典』東京：朝倉書店。

ビーン、スーザン S.（1995）「ガンディーと『カーディ』、インド独立の織り成し」アネット・B・ワイナー、ジェーン・シュナイダー［編］『布と人間』佐野敏行訳、東京：ドメス出版、pp.517-547。

三尾稔、金谷美和、上羽陽子［監修］（2008）長編映画『インドの染色職人カトリー——絞り染めと更紗』国立民族学博物館制作。

三尾稔、金谷美和、中谷純江［編］（2008）『インド刺繍布のきらめき——バシン・コレクションに見る手仕事の世界』京都：昭和堂。

「装い」から
ケニアの現在を読み解く

プリント更紗と生活環境を手がかりに

坂井 紀公子

私たちは、人生の大半の時間を、かならず何かをまとって過ごす。それほど装うことは私たちにとって欠かすことのできない行為である。それゆえ私たちは「何をどう身に着けるか」——つまり「装い」に多くの役割を付与し、効果や機能を見出してきた。本論では、東アフリカのケニア共和国（以下、ケニア）を事例として、「装い」がもつ諸役割を明らかにする。具体的には、まず、女性のあいだでよく使われる装いのアイテムの利用方法を紹介し、そののちに、同じケニア人であっても民族間で装い方が大きく異なっている様子を紹介する。その過程で「装い」がもつ機能や効果を指摘したい。

1 多彩で多才な布「カンガ」と「キテンゲ」

　サハラ以南アフリカ❶一帯でひろく利用されている装いのアイテムの一つに、さまざまな色柄が片面にプリントされた大きな一枚布がある。本稿で取り上げるケニアでは、公用語のスワヒリ語で「カンガ(kanga)」や「キテンゲ(kitenge)」と呼ばれ、女性たちに親しまれているプリント更紗がそれである❷。両方ともに、専門店や衣料品店だけではなく、スーパーマーケットや日用品雑貨店はもちろんのこと、露店でも購入できる身近なアイテムだ。値段も手ごろで、現地の大衆食堂に入ってランチを1回食べる金額でプリント更紗が1枚買える。入手しやすいため、女性たちは少なくとも10枚を超えるプリント更紗を所有する❸。

　まずはカンガとキテンゲの特徴を簡単に述べておこう。カンガ1枚のサイズは、縦110cm、横150cm前後で、2枚一組で販売されている。キテンゲはカンガよりも若干サイズが大きくなるが、こちらも2枚一組で販売されている。ただし、両方ともに2枚一組でも1枚のみでも購入することができる❹。

---

❶ サハラ以南アフリカとは、アフリカのなかでサハラ砂漠よりも南に位置する地域を指す。

❷ 1990年代の終わりから、ケニアで流通するプリント更紗の材質が変化してきている。かつてはすべて綿100％だったが、化学繊維が含まれた材質の布が増えてきた。化繊布は、綿布と比べて値段が安く、速乾性に優れていることから、人びとに好まれている。綿布は、耐久性に優れ、高級品としても認識されており、自分用や普段用の布ではなく、贈り物用や外出用の布としての需要がある。

❸ ケニアとタンザニアの海岸部で行われた聞き取り調査では、少ない人で16組（32枚）、多い人で120組（240枚）のカンガを所有していた［竹村 2012：84］。

❹ カンガ、キテンゲ両方ともに、スカーフ用と腰巻用として上下同じ柄が購入されることが多いため、あらかじめ2枚一組で売られている。

◀**写真1**
キテンゲ
植物、日用品、幾何学模様などを元にした一様の柄がプリントされている。これは植物をモチーフにした絵柄である

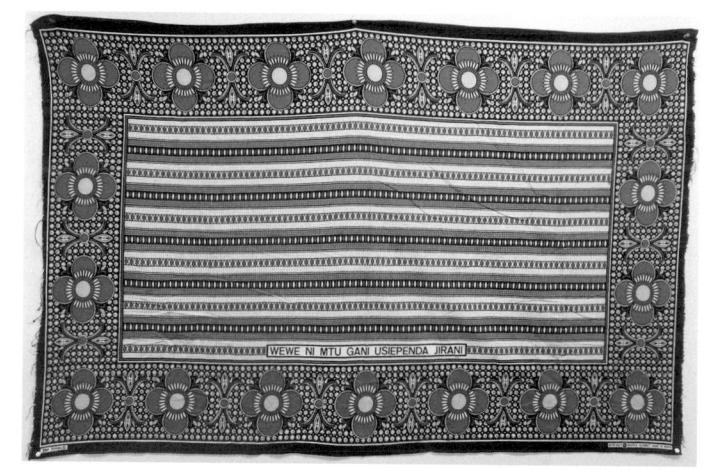

◀**写真2**
カンガ
中央下にはスワヒリ語で「お隣とうまくやっていけない人ってどういう人？」と書かれている。「隣人を愛せよ」という意味の格言である

　カンガとキテンゲのもっとも大きな違いは、布に描かれる模様にある。キテンゲの模様は一様で（写真1）、そのために服地として利用されることが多い❺。カンガの模様は、①縁取り用の模様と②中心に描かれる模様、そして③中央下に刻まれる言葉の計3種類で構成されており、すべてが1枚の布のなかにプリントされている（写真2）。したがって、服地としての利用はほとんどない。以下では、著

---

❺カンガとキテンゲは、主として東アフリカおよび東南部アフリカ諸国で普及しているプリント更紗である。ちなみに、西アフリカを中心として中央アフリカなどで普及しているプリント更紗は、「ワックスプリント」もしくは「ファンシープリント」と呼ばれる綿布である［吉本 2006］。ブルキナファソなどのフランス語圏のアフリカ諸国で、これらは総称として「パーニュ」と呼ばれている。パーニュはキテンゲのように布一面に一様な模様がプリントされた綿布で、女性たちに服地として利用される装いのアイテムである。パーニュの利用に関しては、遠藤聡子の論考をお薦めする［遠藤 2013］。

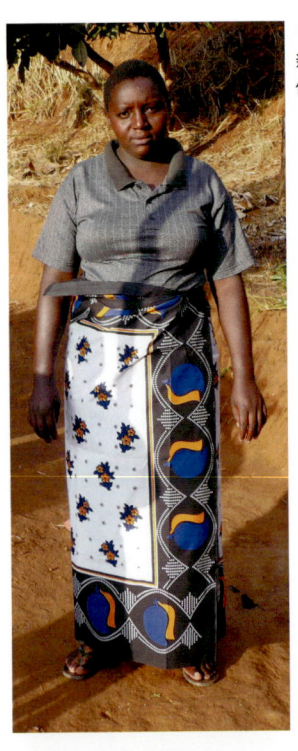

◄写真3　カンガを腰に巻いた女性
新品のカンガは糊が効いてゴワゴワしているが、
使ううちに体に馴染む柔らかい綿布になっていく

▲写真4　料理小屋の外で食事の後片付け
家事全般で中腰になることが多い。綿布は女
性たちの腰から下の露出度を下げてくれる

**◄写真5
市場で商い休憩中の
商人たち**

エプロンとしてキテンゲ
を巻いている。女性の労
働のあらゆる場面でプリ
ント更紗が用いられる

者の調査地であるケニア内陸部の地方都市マチャコス（Machakos）とその周辺の村を事例として、プリント更紗が女性たちによってどのように利用されているのかを紹介しよう。

作業着、日常着、礼服、そしてオシャレ着として

　プリント更紗の一般的な用途は、衣料品としての利用である。とくに女性たちは、炊事洗濯はもちろんのこと、畑仕事などで働くときには、プリント更紗を腰に巻き、エプロンとして使っている（写真3）。その下に履いているスカートを汚さないためである。場合によっては、ブラウスを汚さないように上半身にもプリント更紗を巻いて、ストールとして利用することもある。彼女たちの生活環境は、いたるところがコンクリートで覆われ、土埃もあまり舞わない日本の生活環境とは大きく異なっている。

　マチャコスの農村部で暮らす女性たちは、住居周辺の林から調理用の薪を集め、母屋とは別に建てられた土間の料理小屋で炊事をして、家族に日々の食を提供する。また、周辺の井戸や小川で水を汲んで人力で家まで運び込み、庭先でタライを用いて衣類を洗濯して、家族に清潔な生活を提供する。都市部の女性たちもまた、電気・ガス・水道のない住環境の下、同じような暮らしを営む。農作業時には畑の縁に座って休憩するし、町のたとえば市場のなかでも、椅子が足りなければ、土埃舞う地べたに座って仕事をする。1日腰に巻いていたプリント更紗は埃と泥で汚れるが、それは働き者の証である（写真4、写真5）。

　女性たちは毎日、洗濯した清潔なプリント更紗を衣装箱から取り出して腰に巻く。また外出の際には、必ず1枚は手に持つか、もしくはカバンに入れておき、急な雨には頭を隠すように覆い、朝晩の寒い時間帯には頭から上半身にかけてすっぽりと被る。作業着だけではなく、雨風や寒さをしのぐ防寒着としても利用されているプリント更紗は、女性たちには欠かせない日常着である。

　ムスリムの女性たちは、カンガをスカートやケープとして日常的に着用している❻。とくに頭部を覆うヴェールとして、カンガは欠かせないアイテムである。

---

❻ケニアの宗教構成（人口比：％）は、キリスト教84.8％、イスラム教9.7％、その他（土着宗教やヒンドゥー教など）5.5％となっている［英『エコノミスト』編集部 2017］。とくにケニア海岸地域にムスリムが多い。

それに加えて、彼女たちはカンガを礼服としても利用する。ケニアの海岸部の都市では、2枚一組の同じ柄のカンガを購入して上下お揃いで身に着ける女性たちや、上下色柄が異なるカンガをまとって独自のコーディネートを披露する女性たちが多く、とても華やかな装いがみられる。

　カンガ発祥の地は、スワヒリ文化を色濃く残している海岸部地域である。そこではマチャコスなどの内陸部とは異なり、カンガがムスリム女性たちのなかで特別な意味と価値をもつ❼。カンガが誕生したのは、1870年から1880年のあいだと推定されている❽[深沢・熊谷 他 2011: 70]。オマーン・アラブの支配の下で厳格な階層社会が形成されていたその当時にカンガを着用できたのは、スワヒリ社会の上流階級と自由民の女性たちである。奴隷の身分だったムスリム女性たちは、カンガを身に着けることはおろか、イスラムに帰依している身でありながらヴェールの着用もできなかった[深沢・熊谷 他 2011: 71-72]。

　1895年にイギリスの保護領となってから社会状況が変化し、1907年に奴隷制度が廃止されると、元奴隷の女性たちは積極的にカンガをまとうようになった。カンガを身に着けることは、自由な身分になった自分を社会に示すことであり、スワヒリ社会の一員として容認されたことを示すものだった[深沢・熊谷 他 2011: 70-71]。ムスリム女性たちは、こうした歴史があるカンガの着用に誇りをもち、また体を覆う装いとして、礼儀正しさや倫理観の体現といった社会的な価値をカンガに付加している。

---

❼8世紀以降に繁栄した東アフリカ湾岸とアラビア半島との交易の影響で、東アフリカ湾岸地域には、多くのアラビア系、ペルシャ系の商人が住んでいた。その人びとと現地の人びととの交流により、現地語とアラビア語が混ざったスワヒリ語が誕生し、ケニアの海岸部地域には、スワヒリ語を話しイスラム教を信仰する現地住民が増えていった。やがて彼らの文化はスワヒリ文化と呼ばれるようになった。このスワヒリ文化を色濃く残すモンバサ（Mombasa）、ラム（Lamu）、マリンディ（Malindi）といった都市のある海岸部には、現在もムスリムが集住している[宮本・松田 1997]。それらの都市からの移住者も多いマチャコス市街地の一角にもムスリムが集住するエリアがある。

❽カンガの起源には諸説あるが、二つを紹介しよう。(1)19世紀末に、東アフリカ湾岸地域の都市ザンジバル（Zanzibar）の女性たちが、ポルトガルから輸入されていたハンカチサイズのプリント更紗を6枚縫い合わせ、1枚の布として利用しはじめ、その布をレソ（Leso）と呼んでいた。やがてレソの既製品が登場し販売されはじめ、それがホロホロ鳥の羽の文様と似た柄だったため、カンガ（スワヒリ語でホロホロ鳥を指す）と呼ばれるようになったといわれている[ハンビー、バイゴット 1995: 20]。(2)同じく19世紀末のザンジバルで、インドから輸入された4種類の木版プリントの更紗が出回っていたが、そのうちの1種類に濃い色地に白い斑点の模様が施されていた。(1)のレソの既製品は、この模様を参考に製造されたと推察されている[金谷 2006: 78-79]。

▶ 写真6
**貯蓄・融資活動の
ミーティング**
グループでお揃い
の服を仕立て、会
合などの際には全
員が着用する

　内陸部であろうと海岸部であろうと、はたまた市街地であろうと農村部であろうと、共通しているのはキテンゲの用途である。多くみられるのは、女性たちがお揃いの柄でワンピースを仕立ててユニフォームにする利用法である。女性たちは、結婚式用などの礼服として、親族や親しい人たちと同じ柄のキテンゲを使って衣装を仕立てる。式の当日は揃って着用し、会場に花を添える。

　結婚式のようなハレの日だけではなく、女性たちのあいだで盛んにおこなわれる貯蓄・融資活動においても[9]、メンバーがお揃いの衣装を仕立てて、それを着用する光景がみられる（写真6）。彼女たちは定期的に集まり、お金を出しあって融通しあう貯蓄・融資の活動をおこなっているが、毎回活動時にメンバーの家に集まり、共食も楽しむ。彼女たちは、個人単位では仕立服に身を包むオシャレを楽しみ、こうした集会時にはグループで同じ衣装を着用することで仲間であることを確認しあっている。

　さらに、もしメンバーの関係者が募金パーティ[10]を開催する場合、メンバーは

---

[9] 貯蓄・融資活動とは、最もシンプルなルールをもつ回転型貯蓄信用講（Rotating Saving and Credit Associations, ROSCAs）のことで、サハラ以南アフリカ諸国で古くからみられる庶民のインフォーマル金融活動である。マチャコスでも盛んに利用されており、一人で複数のグループに参加する女性も多い。近年では「Saving group」と呼ばれて、マイクロファイナンスなどの金融を通した援助プログラムが導入される際の受け皿となっている。日本にもかつては頼母子講として同様の活動がみられた。

[10] ケニアで「ハランベー（Harambee: スワヒリ語で「助け合い」という意味）」と呼ばれている募金目的のパーティ。ケニアでは、まとまった金額が必要な時——たとえば莫大な入院費用捻出のため、子どもの海外留学費用捻出のため、地元の小学校の施設整備費を地元住民たちが捻出するためなど、よくハランベーが開かれる。参加者はそれぞれ自分の出せる範囲の金額を募金しあう。

必ずユニフォームを着用して出席する。貯蓄・融資活動グループが、募金に参加して互助活動も積極的におこなっていることや、その財力がグループにはあることを外部に知らしめることができ、メンバーは自分たちのグループに誇りをもつのである。

　以上のように、カンガやキテンゲは、作業着からオシャレ着まで幅広く利用できる衣料品として人びとに愛されつづけている。

包む、運ぶ、贈る、拭く、飾る──多機能雑貨として

　カンガやキテンゲが衣料品として以外にもっている重要な用途は、生活雑貨としての利用である。何かを包む一枚布としての用途がもっとも多い。たとえば乳幼児の「おくるみ」にも使えて、子どもでも簡単に乳幼児を負ぶえるおんぶ・抱っこ紐として利用される（写真7）。また、日本でもエコバッグとして定着しつつある風呂敷リュックにも変身する。

　女性たちは周囲で子どもの誕生を聞きつけると、生まれて1週間前後から、順番にもしくは連れだって、新生児のいる家へお祝いに駆けつける。そして、訪問

時には必ずお祝い品を持参することがマナーとなっており、定番のお祝い品がカンガである。カンガは、おくるみや抱っこ紐として大活躍するのはもちろんのこと、古くなっても捨てられずに小さく切られて、おしめとして利用されつづける。さらにおしめとしての役割が終われば最終的には雑巾として活用され、最後まで大切に利用される。

◀写真7
「おくるみ」として使われるキテンゲ
ケニアでは、子どもが乳幼児の面倒をみることも多い。一枚布を使うことで、子どもでも簡単に負ぶえる

▲写真8〈左〉土産物として売られているカンガ　▼写真9〈右〉キテンゲを使った小物
アフリカ大陸をプリントした定番模様のカンガは筆者も購入した。帽子や鞄などキテンゲを用いたオシャレ小物を扱うブティックは、大都市の高級ショッピングモールなどにある

　また、デザイン性の高いカンガは、タペストリーとしても用いられ、とくにアフリカ大陸の地図がプリントされたカンガは、外国人観光客向けのお土産として売られている（写真8）。それは、ケニアを訪れる人の多くが一度は買ったことがあるほどの定番模様のカンガである。

　2000年代に入って、カンガやキテンゲでつくられた布製品が増加し、とくに従来もあった外国人観光客向けにつくられたポーチやバックのほかに、帽子や傘などがケニアの都市部で販売されるようになった［竹村 2012: 92］。すると、それまで現地の人びとには見向きもされなかったプリント更紗の布製品が、若い女性たちのあいだで高級なオシャレ小物として認識されるようになった。こうしてプリント更紗は、昔ながらの生活雑貨からオシャレなインテリア雑貨まで幅広いシーンで使われる雑貨のテキスタイルとして、いっそう利用されるようになっていった（写真9）。

しゃべる布・カンガ——メッセージを伝える手段として

　カンガだけにある模様のパターンについてさらに詳しくみていこう。まず、布の縁にはスワヒリ語で「ピンド（pindo）」と呼ばれる縁取り模様が施され、布の中

央には「ムジ（mji）」と呼ばれる中心模様がプリントされている。ピンドには、水玉、カシューナッツ、花柄、ボーダーなどの柄がプリントされていることが多く、ムジには、昔ながらの花やマンゴーの模様のほかに、現代的な模様として、トランプマークや風景、人物画などがプリントされている。ピンドとムジが同じ柄のカンガはなく、必ず違う模様が施されている[竹村 2012: 75-76]。

布の中央下には「ジナ（jina）」と呼ばれる短い言葉が必ず載せられているのもカンガの特徴である（写真2）。ジナに選ばれるのは、諺、人生の教訓、格言といった道徳的な内容のほかに、女性たちの心の声、恋愛・結婚に関する言葉など、まとう女性たちが気になる内容も数多くある**⓫**。また、聖書やコーランの一節がプリントされた宗教色のあるカンガもあり、それらはグループ活動の際におそろいで身に着けるなどの利用が多い。

ピンドとムジで女性たちに好まれる柄と色について調べた研究からは、鮮やかで明るい色が多く使われ、草花や古くから換金作物として重要だった農産物がプリントされた柄が多いことが明らかになった。さらに、スワヒリ地域で装飾品に施す文様や化粧の柄と酷似している点も指摘されている[深沢・熊谷 他 2011: 73-74]。

赤道直下の日光が照りつける海岸部では、カンガの鮮やかで原色に近い赤、黄、緑などは、まとっている者を美しくみせる。また、カンガに描かれる換金作物や身近にある草花は、カンガが女性にとってたいせつな財産であること、そして日常着から礼服までいつも身近にあるモノであることを示唆している。ピンドとムジに込められているのは、スワヒリ女性たちの美意識そのものであろう。

ジナには社会生活や男女関係、人間関係などにおいて自分の気持ちを代弁する役目があり、人びとはそのときの状況に合う言葉の書かれたカンガをまとったり、あるいは贈ったりすることで、婉曲的に心の中のメッセージを相手に伝えるという[織本 2006: 61]。織本知英子は、カンガ利用が盛んなスワヒリ社会におけ

⓫ たとえば、「人生は山あり谷ありの長い旅」という含蓄のあるジナや、「共有財産はあなたのものではない」と社会生活において強欲な態度や自分勝手なふるまいをする者を戒める道徳的なジナ、また「幸せをください」や「遊びの恋はいや！ 嫌いになったらすぐ捨てるなんて」といった女性たちの情熱的な気持ちを代弁するジナなどがある。ジナの例については、織本知英子の書籍を参照[織本 1995、2006]。2冊ともにカラフルで味わいのあるジナがプリントされたカンガがたくさん紹介されており、みるだけで楽しい本である。

るジナの役割について、「女性が自分の感情をありのままに口に出すことは慎むべきと考えられており、そのなかでカンガは、彼女たちにさりげなく自己主張できる方法を提供している」と説明する[織本 2006]。近年のスワヒリ女性たちによるカンガの利用実態を調べた深沢太香子らおよび竹村景子は、利用者があまりジナを気にせずにカンガを購入し利用しているものの、ほかの地域と比べるとやはりスワヒリ女性たちはジナを気にしている状況を確認している[深沢・熊谷 他 2011; 竹村 2012]。

　時事や政治、社会問題に関するテーマを取りあげたジナもある。たとえば、エイズ撲滅を訴えるメッセージや、政府の打ち出した政策のスローガンなどがそれである。ジナをもっているカンガは、「しゃべる布」とも呼ばれている。つまり、女性たちの美意識を伝え、間接的に人同士がコミュニケーションをとる道具であり、不特定多数の相手にメッセージを伝えることのできるメディアでもあるのだ。

　ケニアでみられるプリント更紗とは、なんと多彩で多才な働きをする「装い」アイテムであろうか。作業着から礼服までの役割をこなす衣料品であり、抱っこ紐や風呂敷などの生活雑貨やインテリア雑貨でもある。さらには、ジナをもつカンガは、着用によってコミュニケーションの手段としても、メッセージを発信するメディアとしても機能する。布1枚の利用の様子から、ケニア女性の装いの文化の豊かさがうかがえる。

2　装いに変容をもたらす自然環境と社会環境

　ここまで、「ケニアでは」、「ケニア女性は」、といった言葉を用いてケニアの装いの文化について説明してきた。読者はおそらく「日本人は」と聞いた時と同じように、「ケニア人」という均一的な対象がいて、その事例が紹介されていると理解したかもしれない。しかし、ケニアには40以上の民族が暮らしており、民族によって装い方はかなり異なっている。

　写真10は2004年にマチャコスで撮った写真で、カンバ（Kamba）という民族の男女が洋服を着て家畜とともに立っている。写真11は2002年にワンバ（Wamba）で撮られた写真で、サンブル（Samburu）という民族の男性二人が、上半身を装身

▶ 写真10
**自慢の家畜とともに
写るカンバの父親と娘**
西欧や日本の人びとと変
わらない洋服を着用して
いる〈マチャコス〉

▶ 写真11
**自慢の家畜とともに
写るサンブルの青年**
上半身には装身具を着け、
下は腰巻のみを着用して
いる〈ワンバ〉

▶ 写真12
**1925年当時の
カンバの家族**
一枚布を使った装いは現
在のサンブルの姿と類似
している

具で飾り、下半身を腰巻布で覆った姿で、家畜とともに立っている。両民族とも
に、彼らの属する社会では一般的な装いであるが、両者のあいだの外見には大き
な違いがみられる。この違いは民族の違いから生まれたものだろうか。

　写真12は、1900年代前半のカンバの様子を写したものである。そこには、洋
服を着用した姿ではなく、サンブルと類似した装いのカンバが写っている。では、
約100年経ったいま、どうして民族間の装い方に大きな違いがあるのだろう。以
下では、人が身に着けているものとは何なのか、また、何を身に着け続けるのか
を考えるにあたって、自然環境と社会環境という生活環境に注目したい。なぜな
ら、人は生きていくうえでは自然環境を、暮らしていくうえでは社会環境を無視
することができないからである。

早期に洋服に触れ、その着用を取り入れた農耕民カンバ

　ケニアでは、1963年にイギリスから独立したのち、1980年代から1990年代に
かけて経済の低成長がつづいたが、2000年代後半から順調に発展している。現
在、国民の7割が都市部（Urban areas）以外のいわゆる農村部（Rural areas）に住み、
その大多数は生活の糧を農業や牧畜業、漁業といった第一次産業から得て暮ら
している⓬。国内の諸民族のおもな生業活動に着目すると、農耕を生業とする民
族と牧畜を生業とする民族の二つに分けることができる。それぞれを農耕民社
会と牧畜民社会と呼んでおこう。事例として取り上げるカンバは農耕民社会で
あり、サンブルは牧畜民社会である。

　ケニア国内でカンバがもっとも集住する地域は、首都ナイロビから西南方面
に広がる三つのカウンティ⓭——マチャコス・カウンティ（Machakos county）、キ
トゥイ・カウンティ（Kitui county）、マクエニ・カウンティ（Makueni county）である。
これらの地域は、「ウカンバーニ（Ukambani）」⓮と呼ばれるカンバのホームラン

⓬全人口の40％以上が農業セクターで働き、農村部にいたってはその70％以上が農業に従事してい
　る［World Bank Open Data; FAO］。

⓭県に相当するケニアの行政区分で、全国が47のカウンティに分けられている。2013年までは47
　の県（districts）であった。

⓮スワヒリ語で、カンバ民族のホームランドを意味する。「U」は抽象名詞をつくるときの接頭語で、
　「ni」は土地を表わす接尾詞。したがって、Ukambaniとは「カンバの地」という意味になる。

ドにあたる。ウカンバーニの地域特徴を自然環境と社会環境に注目してみてみよう。

　まず地形と気候の特徴を挙げると、ウカンバーニ北部に位置するマチャコス・カウンティ周辺は1,700m級の山地帯で、年間1,000mm台の雨量に恵まれる地域である。自給農業とともにコーヒーや綿花などの換金作物の栽培が盛んである[15]。ウカンバーニ南部に位置するマクエニ・カウンティやキトゥイ・カウンティ周辺は海抜600m前後の平野部が広がり、年間500mm前後の雨量しか得られない乾燥地域が多い。そのため、天水利用や灌漑利用による農業とともにウシやヤギを飼養する畜産業もあわせて営まれている。

　とくに年平均降水量が400mmを下回る乾燥地域では、7〜8年に一度の頻度で干ばつや害虫被害による深刻な飢饉が発生しており、カンバの人びとは、農業と畜産業のほかに古くから東アフリカ一帯を対象とした長距離交易にも従事するなどの多角的な生業活動をおこなって、柔軟に災害に対処してきた歴史をもつ[16]。

　つぎに、この地域の歴史から社会の特徴を挙げてみよう。ケニアは、1880年代後半から1963年までのあいだイギリスによる植民地状態にあった。植民地行政の諸機関の活動拠点は現在の首都ナイロビである。しかしその前に拠点だったのが、現在のマチャコスである。1888年にイギリスで設立された帝国イギリス東アフリカ会社は、イギリスの国策を実行すべくインド洋岸の港町モンバサから内陸に進み、諸民族の有力者たちと条約を結んでいったが [宮本・松田 1997: 304-308]、当時のマチャコス地域を治める有力者が比較的友好的であったことから、その1年後の1889年、マチャコスに内陸事業所の第一号が設置された。1895年には現在のケニア領域がイギリス東アフリカ保護領となり、マチャコスはナイロビができる1899年まで、イギリスの地方行政諸機関の内陸拠点地として機能していた。

　当時の内陸拠点で、イギリス本国から任命された植民地行政官の結婚式に参列するヨーロッパからの移住者とカンバの護衛兵を撮影した写真が残っている

---

[15] 一部の地域、たとえば、マチャコス・カウンティ内にあるアティリバー市（Athi River town）は、首都ナイロビから約60km南に位置する首都郊外都市として、食品加工業や建築資材工業などの加工工業部門を発展させており、多くの住民にとって工業労働やサービス業がおもな経済活動になる。

[16] カンバの歴史について詳しくは [Ndeti 1972] を参照。

[Pavitt 2008: 16]。それをみると、ほぼすべてが洋服もしくはそれに近い装いである。カンバの人びとは、拠点機能の設置によって早くから洋服を目にし、彼らの持ち前の変化に対する柔軟性も相まって、着用が進んでいったと考えられる。さらに、ヨーロッパ各国がアフリカ大陸を植民地化する過程で、交易による接触と同時期に内陸に入っていったのがキリスト教を布教するミッショナリー(宣教師、伝道者)の人びとであった[宮本・松田 1997: 306]。彼らは移動の先々で子どもたちに近代学校教育を提供していくのだが、その教育現場では洋服着用が文明化の象徴として推奨されていた。カンバ社会のなかでもっとも早く洋服の着用が進んだのは、子どもたちのあいだだったのではないかと推測される。

　カンバのみならず、農業をおもな生業とする諸民族は、1900年代以降、徐々に洋服の着用を取り入れ、現在では写真10のように、日本に暮らす私たちとあまり変わらない服装で暮らしている。農耕民社会では、土地がもっとも大切な財産であり、彼らは定住する生活様式をもつ。そんな彼らにとって洋服の着用と保管は、生業の面からも居住形態の面からも不便となる要素がなにひとつない。

　農業に適した地域は山地気候に属するところが多く、雨の降る時期はとくに冷涼となる。また、赤道直下の熱帯気候にある農業適地は、一日の寒暖差が比較的大きい。このような気候環境も相まって、洋服は、彼らの生活環境になじむ装いとして受け入れられていった。

地位と帰属の提示機能、快適さをもとめた牧畜民サンブルの装い

　ケニア北部の大半は乾燥した低地帯が広がり、一部では半砂漠の景観をなしている。たとえば、複数の牧畜民社会が暮らすマルサビット・カウンティ(Marsabit county)は、年平均降水量が1,000mm前後になる標高1,700m〜2,400mの独立峰や山塊もあるが、その大半が年平均降水量200mm前後の標高300m〜900mの低地である。これらの地域では、ウシと小型家畜(ヤギ・ヒツジ)を飼養するサンブルやトゥルカナ(Turkana)のほかに、乾燥地に強いラクダと小型家畜を飼養するレンディーレ(Rendille)、ガブラ(Gabra)などのいずれも遊牧民、牧畜民といわれる諸民族が暮らしている。

　牧畜民の主食は、牛乳・乳加工品である。そのため彼らは、ウシ、小家畜、ラクダといった家畜のえさと水をもとめて、数週間から数か月ごとに住む場所を

移動して、基本的には完全な定住はしない[17]。中村香子は、サンブルの装いの特徴を生業や社会関係の側面から調査し、その装いの実践のなかにみえる文化的行為を明らかにした[中村 2011]。サンブルの装いの特徴は、男女ともに美しいビーズ装飾が施された装身具で上半身を飾るいでたちである。中村の調査によると、その色柄には彼らが愛してやまないウシなどの家畜の文様が映し込まれており、彼らは自分のお気に入りの家畜と同じ文様の装身具を身に着けることで、その家畜との一体感を味わっているという。そんな牧畜民の財産は何か。家畜と装身具である。彼らの生活は定住ではないため、財産には運搬が楽という特性が重要視される。したがって、土地や収納が必要な衣類などの物品は、牧畜民にとって移動を困難にさせる財であるため、好まれない。

また、サンブルなどの牧畜民社会には、民族内部において、性別と年齢によって社会的な地位や役割を定める年齢体系が存在する。さらに民族間では、家畜を介した共存関係や家畜の略奪をしあう敵対関係を構築している。そのため装身具は、内部に対して一目で個人の社会的地位を示すことができ、外部に対して遠くからでもどの民族であるかという識別を可能にする。牧畜民社会にとって装身具は、民族内部と民族外部に対する「サイン」として発達してきた。とくにビーズは多彩で多様な違いをつくり出せる素材であるため、装身具のなかでも積極的に使われた結果、牧畜民は、現在のような美しい装い方に変化してきた。

牧畜民の居住地域の大半がサバンナや半乾燥地で、とくに乾季は草木も枯れるほどの乾燥状態の地である。乾燥し暑い時期が続くような地域で、洋服が快適な装いではなかったことは想像に難くない。また、移動生活にとって衣類は荷物でしかなかっただろう。彼らは植民地化の過程でも移動生活をつづけており、農業に従事せず不動産としての土地への執着もない牧畜民と西欧からの入植者との接触や社会関係の構築は、農耕民と比べて少なかった。以上の生活環境をもつサンブルなどの牧畜民は、農耕民の装い方とは異なる方向の進化を遂げていった[18]。

---

[17] 近年では、国際機関の援助による堀井戸が各地に設置され、その周りに定住する牧畜民も増えている。しかしそれでも、定住地とは別に、家畜ごとにつくる放牧群をつれて複数のキャンプ地を移動する生活は続けられている [孫 2012]。

[18] 20世紀初頭以降、装身具の材料がそれまでの動物の革や骨、植物の皮や種といった自然素材と真鍮やアルミニウムなどから、徐々にビーズへと移り変わってきた。その過程で装身具が色彩豊かになっていき、種類も増加していった。女性の場合だと、女性が身に着けている装身具から、既 ↗

3　「装い」からみえる民族・社会の歴史と特徴

　本論では、ケニアを事例に「装い」について考えるなかから、まずは現代のケニア女性がまとうプリント更紗の多種多様な役割、機能、意味を明らかにした。さらに、植民地時代から現代までの装いの変化について民族間の違いをみるなかから、「装い」の実践を通して社会的な記号をまとう人びとの様子や、「装い」のありように歴史が刻まれている様子、さらには「装い」が生活環境に依存している様子が目の前に現れてきた。

　「装い」が自己・集団の「らしさ」を自ら認識し、他人に対して主張する手段、つまり「社会的な記号」であることは、ジナをもつカンガをムスリム女性が着用する事例や、貯蓄・融資活動をおこなうカンバの女性グループがキテンゲのユニフォームを着用する事例、そしてサンブルのビーズ装身具の着用事例から理解できよう。

　また、カンガの着用がかつて上流階級および自由民の女性の証であったという社会的な価値を共有する事例や、農耕民の洋服着用の普及には植民地化という歴史の影響が指摘できる事例から、「装い」には歴史が刻まれていることが理解できよう。牧畜民の生業と社会構造がつよく現在の装い方を規定している様子からは、「装い」が人びとの暮らす自然環境や社会環境、すなわち生活環境に依存することがわかる。

　このように、「装い」のありようやその変化に注目することによって、分析対象とする民族や集団がもつ文化の特徴や発展の様子がみえてくる。さらには、その民族や集団が暮らす地域における生活環境と人びととの関係のあり方や、歴史が刻まれた地域性についても捉えることができる。これは世界のいかなる民族や社会、集団に対しても有効であると思われる。「装い」を切り口に民族や社会をみることは、まさに「装い」から世界をみることにつながる。

婚者であるか、子どもが何人いるのか、そのうち何人が成人した男性なのかといったさまざまな情報がわかる。それほど多種類の装身具が存在している［中村 2011: 125–136］。近年の進化として、サンブルが観光業に携わりはじめた1970年代以降、彼らが身に着ける装身具の数はより多くなり、その色彩とデザインもさらに華やかになってきている状況が指摘されている。これは、国外からの観光客との交流によって、彼らの装いに「民族衣装」という新たな役割と価値が加わったことと、装身具の一部がアクセサリー化してきたことが要因であると考えられる［中村 2011］。

参考・参照文献

Ndeti, K. (1972) *Elements of Akamba Life*. Nairobi: East African Publishing House.

Pavitt, N. (2008) *KENYA: A Country in the Making 1888–1940*. New York: W.W. Norton & Company.

英『エコノミスト』編集部［編］（2017）『The Economist 世界統計年鑑2018』東京：ディスカヴァー・トゥエンティワン。

遠藤聡子（2013）『パーニュの文化誌──現代西アフリカ女性のファッションが語る独自性』京都：昭和堂。

織本知英子（1995）『カンガ・セイイング──カンガの教え』東京：アリアドネ企画。

織本知英子（2006）『カンガ・コレクション』東京：連合出版。

金谷美和（2006）「カンガ──東アフリカと西インドをつなぐプリント更紗」国立民族学博物館［編］『更紗今昔物語──ジャワから世界へ』大阪：千里文化財団、78–80頁。

ジャネット・ハンビー［著］、デビッド・バイゴット［イラスト］、カンガ愛好研究学会［訳・編］（1995）『カンガ・マジック101──一枚の布で楽しむ東アフリカ・シンプルライフ KANGAS 101 USES 日本版』東京：ポレポレオフィス。

孫暁剛（2012）『遊牧と定住の人類学──ケニア・レンディーレ社会の持続と変容』京都：昭和堂。

竹村景子（2012）「『超民族衣装』カンガの今とこれから──スワヒリ地方における着衣の実践」武田佐和子［編］『着衣する身体と女性の周縁化』京都：思文閣出版、75–95頁。

中村香子（2011）『ケニア・サンブル社会における年齢体系の変容動態に関する研究──青年期にみられる集団性とその個性化に注目して』京都：松香堂書店。

深沢太香子・熊谷伸子・栃原裕・織本知英子（2011）「東アフリカにおける民族服カンガの日常着としての受容に関する社会学的および生理学的考察」、『服飾文化共同研究最終報告2010』、65–82頁。

宮本正興・松田素二［編］（1997）『新書アフリカ史』東京：講談社（講談社現代新書）。

吉本忍（2006）「ジャワから世界へ Part2　アフリカとアジアに見る現代のプリント更紗」国立民族学博物館［編］『更紗今昔物語──ジャワから世界へ』大阪：千里文化財団、34–57頁。

参考Webサイト

World Bank Open Data〈https://data.worldbank.org/indicator/SP.RUR.TOTL.ZS〉（2018年8月10日閲覧）

FAO〈http://www.fao.org/kenya/fao-in-kenya/kenya-at-a-glance/en/〉（2018年8月10日閲覧）

オーストラリア先住民
アボリジニと装い

伝統と近代の織りなしかた

鈴木 清史

1 装いの社会的機能

　人は当たり前のように衣服をまとい装う。その一義的な目的は身体保護である。しかし、衣服は常に他者の視線にさらされるために、衣服とそれにまつわる要素——素材や色彩、施された意匠と造形、そして装い方など——は、要素ごと個別に、そして総体としても人と人との関係において記号としての役割を担うことになる［ボガトゥイリョフ1981］。それは、最小としては二者間の私的なものから、規模のより大きい集団に共有されるものまで広がりがある。

　たとえば、民族衣装や集団で着衣する制服はまさに後者の例である。それらは集団のなかで共通する美意識や集団としての固有性を内外に呈し、凝集性に働きかけるという文化的・社会的機能を有している。

　この種の衣服には、長い歴史のなかでその正統性や権威をめぐって競合を繰り返しながら育まれてきたものもあれば、所与の状況のなかで突発的に、あるいは恣意的に生まれたものもある。どちらであっても、自らの帰属と重ね合わせて身にまとい装う人にとって、その衣服は自身についてなにがしかの社会的正統性や権威を表していることになる。

　本稿では、衣服や装いが有するこのような機能をふまえて、オーストラリア先住民アボリジニと装いに見られる文化的・社会的現象を取り上げる。

　今日アボリジニとして知られるオーストラリア大陸の先住民は、簡素な物質文化の中で生活していた。18世紀末にかれらと接触したヨーロッパ人入植者たちが残した記録では、アボリジニの衣服や民族衣装への言及はほぼ皆無である［鈴木1999］。ところが、その後200年に及ぶ入植者との接触過程で、アボリジニはヨーロッパ渡来の衣服やそれにまつわる要素を、自らの存在の正統性を主張するための道具に転化させてきた。それは、外来者の進出によって生まれた多民族社会のなかで、周縁に追いやられてきた少数派先住民であるアボリジニが生きぬくために用いた戦術の一つだといえる。

2 居住地域で二極化しているアボリジニ

　1770年、英国人のクック船長は、今のシドニー近郊の海岸線にたどり着き、こ

の大陸が英国に属すると宣言した。そして18年後の1788年、英国はこの大陸に流刑植民地を開設するために流刑者と政府役人を送り込み、土地開拓を始めた。

しかし、この大陸には英国人の渡来よりもはるか以前から人びとが暮らしていた。かれらは狩猟採集を生業として、広大な大陸に分散して暮らしていた。普段は数世帯からなる少集団 (英語でbandと呼ばれる) で生活し、儀礼などの機会には言語を共通とする他の集団との離合集散を繰り返していた。

英国による入植が始まった当時、先住の人びとの総人口は30万程度だったとされているが [Radcliffe-Brown 1930]、今では75万だったという説もある (オーストラリア博物館の説明)。これと呼応するように、使われていた言語の数も500〜700くらいだと推定されており、言語を基準とすると部族の数もそれに相当する。

これらはあくまでも後世の推定値である。大事なのは、英国人到来以前から暮らしていた人びとは一つの民族ではなかったということである。そして、先住の人びとのこのような特徴にもかかわらず、英国から渡来した入植者たちは、先住の人びとを一緒くたにして英語の普通名詞であるaborigine (アボリジニ：「もともとの住民」、「現地の人」、「原始的な人」という意味を持つ) で呼び始めた。この呼称が定着することで、先住の人びとがひとまとめにされた「アボリジニ」が登場することになったのである。

入植者たちは、軽蔑的な意味を込めてこの呼称を使った。かれらは、アボリジニをさげすみ、排除した。その極端な方法は大量虐殺だった。シドニーでは、入植開始から70年が経過しないうちに地域の先住民がほぼ壊滅に追いやられたとも言われている [Parbury 1986]。ようやく生き延びたアボリジニも入植者が建設しつつあった社会の下層に追いやられていった。

一方、入植者の進出に時間がかかった、大陸中央部の砂漠地帯や北部海岸線の辺境と呼ばれたりする遠隔地では、昔ながらの生活様式が色濃く残るようになった [鈴木 1995]。

今日、アボリジニの人口は二つに大別することができる。一つはヨーロッパ系住民が集中する都市部に居住する人びとである。2016年の国勢調査によると、アボリジニ総人口は60万強を数え、うち都市生活者は6割以上を占めている。かれらはヨーロッパ系住民との混交も進み、外見的には他のオーストラリア市民との区別がつけられないことも多い。都市住民であるかれらのほとんどは祖

先の狩猟採集の生活様式を知らない。

　一方、辺境の遠隔地で生活している人びともいる。かれらが生活する地域は大陸中央部の砂漠地帯や、赤道近くのマングローブ林が広がる海岸線や背の高いユーカリが繁る林の中である。そのような地域でも、今日ではテレビやラジオに加えインターネットが普及している。住民のアボリジニは国内の都市部だけでなく、世界中の国や地域の生活様式の情報は手に入れることができる。それでも、これらの地域の日常生活にアボリジニ以外の人びとが入ることは少ない。そのためこれらの地域では、言語をはじめとして昔ながらのしきたりや美意識などが依然として維持されてきている。

3 三色旗、伝統的意匠、そして装い

　今日のオーストラリアで、アボリジニ的衣服とそれにまつわる要素としては三つの位相をあげることができる。一つは衣服とか衣装そのものではないが、機会あるごとにアボリジニ系市民の装いを彩る要素である。それは、アボリジニを象徴する「民族旗」である。

　この民族旗が生まれた背景には、アボリジニが置かれてきた社会的立場が関係している。アボリジニは先住の人びとでありながら、英国人を主体として建設されたオーストラリアでは正式な国民として認められていなかった。そのため国勢調査の対象になっていなかった。国民として扱われなかったかれらは、第二次世界大戦終了間際まで隔離施設での生活を余儀なくされていた。その後、移動の自由は得ても、市民権は与えられていなかった。

　変化が起こり始めたのは1960年代であった。この頃アメリカ合衆国をはじめとする先進国で少数派の権利獲得・拡大の運動が展開されるようになった。その影響はオーストラリアにも及び、アボリジニの権利拡大運動が展開されるようになった。1967年には、アボリジニを国勢調査の対象とすることの賛否を問う国民投票（referendum）の結果、憲法改正が行なわれた。これによってアボリジニも正規の国民としての権利を勝ちとったのである。

　アボリジニの権利拡大運動はその後もさまざまに推進され、ヨーロッパ系住民からの支持も得られるようになっていった。そのようななか、シドニーを拠点

◀ 写真1
アボリジニ・
テント大使館

先住民族の土地権等を
主張して1972年に開
設。土地権が認めら
れた現在も、権利拡大要
求と抵抗の象徴として
存在し続けている

とするアボリジニの青年たちが、1972年に首都キャンベラの連邦議会前に「ア
ボリジニ・テント大使館」を開設した。これは、議事堂前の公園でのテント設営
を禁止する法的な規制がなかったために、できた行為だった。この突拍子もなく
生まれたテントには、アボリジニの権利拡大を求める看板と若者たちがアボリ
ジニの象徴と謳う旗が掲げられた（写真1）。

　この旗を考案したのはハロルド・トーマス（Harold Thomas）という青年だった。
かれは美術学校で学び、自分のルーツであるアボリジニを、ヨーロッパから持ち
込まれた黒、赤、黄色の三つの染料を用いて表象したのである（図1）。かれによ
れば、黒はアボリジニの肌の色を、赤はオーストラリアの大地の色と体内を流れ
る血を、そして黄は生命の源泉で、保護者でもある太陽を表象していた。

　この三色旗が初めて登場したのは1971年7月で、トーマス氏の出身である南
オーストラリア州の州都アデレードのヴィクトリア広場でのことだった。その
三色旗が、オーストラリア連邦議会前の広場にアボリジニの権利拡大要求と抵
抗の象徴として設立されたテント大使館に掲げられたことで、この旗は先住民
アボリジニの象徴そして連帯の印として国内外に知られるようになった。

　21世紀に入り、オーストラリア連邦の公的建物や施設では、国旗、アボリジニ
旗そしてオーストラリア大陸とパプアニューギニアの間にあるトレス海峡諸島
の住民であるトレス海峡諸島島嶼民（TSI: Torres Strait Islanders）を象徴する旗が掲げ

▶**図1 アボリジニ旗**
黒はアボリジニの肌の色、赤は大地と血の色、中央の黄色は太陽を表すとされる

られるようになった（トレス海峡諸島はクィンズランド州にあるので、同州の公的機関では州旗、アボリジニ旗そしてトレス海峡諸島島嶼民族旗が掲げられている。それ以外の州では、州旗、国旗、アボリジニ旗が掲げられている）。ヨーロッパ系住民が持ち込んだ画材である黒・赤・黄の三色が、アボリジニ芸術家の手によってアボリジニの民族的象徴として意味づけられたことになる。

　アボリジニ・テント大使館事件後、1970年代半ばから連邦政府がアボリジニの権利拡大や福利を充実させる施策を導入した。それが呼び水になり、アボリジニが自らの出自と西洋世界とを重ね合わせながら個人の美意識と民族への思いを融合させた芸術作品や装いを生みだすようになった。第二の位相の始まりだった。

　例として、シドニーを拠点として活躍するアーティストのブロウニュン・バンクロフト（Brownyn Bancroft）を取り上げよう。彼女は都市で生まれ育ったアボリジニである。1982年、彼女は自作品の発表にアボリジニのモデルを起用した。モデルのほとんどがヨーロッパ系の白い肌をした女性というのが支配的通念だった時代に、肌の色が黒いアボリジニをモデルにしたことは画期的な試みだった。そしてその5年後の1987年、彼女はファッションの世界的発信地であるパリにある有名なデパートのプランタンで作品を発表した。

　バンクロフトによれば、自分の作品には1970年代のアボリジニ権利拡大を求める政治的背景と、アボリジニ自身に自己意識を高めてもらいたいという思いが込められている。彼女の代表的な作品の一つが「Cycle of Life（いのちの環）」と名付けられたケープ（着用者の首元で固定し、背中、腕をマントのように覆う）である（写真2）。

　この作品には、水色を基調としてアースカラーの点（ドット）が散らばり、その間に人物が描かれている。点描（ドット・ペインティング）は、オーストラリア大陸中

▲写真2　Cycle of Life
水色のベースにアースカラーのドットと人物の姿
が描かれている。モデルはアボリジニの女性

▲写真3　カカドゥ国立公園の壁画
公園内にあるノーランジー・ロックという洞窟に
残るアボリジニ・アート

央の砂漠地帯を生活拠点とするアボリジニが描く昔ながらのモチーフを思い起こさせる。人物像はアボリジニの神話に登場する人物のイメージと重なる（写真3）。バンクロフトの作品は、遠隔地のアボリジニが昔から伝えてきたモチーフを、現代的な素材でできた衣服に都市的感覚で取り込んだ試みであった。それは、昔ながらの要素である「伝統」と都市の要素である「近代」が織りなした作品であった。

　当時としては異質な二つの要素が組み合わさってできあがった作品は、当のアボリジニだけでなく、それ以外の人びとにも受容された。このことが明らかになると、遠隔地で暮らすアボリジニが育んできた昔ながらの色彩やモチーフが、服地だけにとどまらず、さまざまに商品化されていった。採用されるモチーフや色彩も、遠隔地のアボリジニの多様性を反映するようになった。アボリジニのアーティストや職人が生み出していた伝統と近代が融合した作品は「アボリジニ・デザイン」として認知され、経済的な価値も得るようになった。

　特に、1980年代に入って、オーストラリアが政策理念として多文化主義を掲げ、

▲写真4　ドット柄のスカーフ　　▲写真5　アボリジニ・デザインを活かしたTシャツ

アボリジニ・アートによく見られるドット柄や、動物の骨格などが透けて見えるレントゲン画法を使った小物や衣服が、観光客用の土産物のみならず普段使いの製品として広く受け入れられている〈左：ニューサウスウェールズ州立図書館の売店　右：シドニー空港にて〉

ALPeRSTeIN DeSIGNS

Royalties from these products directly benefit the artist and their community.

© Warlukurlangu Artists Aboriginal Corporation | www.warlu.com
Made in Australia to Alperstein Designs quality specifications.
www.alpersteindesigns.com.au

◀写真6
デザインの著作権例
製品の販売収益が作家とそのコミュニティに入ることが明示されている〈ニューサウスウェールズ州立図書館の売店にて〉

　アボリジニ文化がオーストラリアの国民的遺産として位置づけられると、アボリジニ・デザインは、オーストラリアの固有性の表象として認知されるようになった。アボリジニ・デザインは観光客目当ての土産物だけでなく、日常服や普段使いの小物としても定着した（写真4、5）。そして商品となった作品には制作者の名前や著作権も明示されるようになっていった（写真5のTシャツの胸元にタグがついており、デザイナーの顔写真と、デザインが正統なものであることが示されている。写真6も参照）。

　アボリジニ・デザインは、かつてはアボリジニのものだとしてさげすまれた文化要素を、アボリジニ以外の人びとにも受容されやすい日常的な事物に取り込むことで生まれた。アボリジニに固有の色彩や意匠がアボリジニ以外の人びとにも訴求することが明らかになったのである。

アボリジニ・デザインは、21世紀になってさらに新しい展開を示すようになっている。これが次の位相である。かつては衣服や装いの材料からはかけ離れていると見なされていたアボリジニの日常の実用的道具が、ファッションのための小物として評価され始めた。

写真7は、アボリジニの昔ながらのバッグである。これはディリーバッグ(dillybag)と呼ばれ、素材は乾燥したパンダナスの葉である。アボリジニは森で食べ物を採集すると、それらをこのバッグに入れて運んだ。かれらが移動するときには、バッグの持ち手となる細いひもを額にひっかけ、両手を自由にして、他のものを抱えて歩いた。

▲写真7　ディリーバッグ
食物を採集するときのほか、儀礼のときには特別なペイントを施して使用される
〈シドニー現代美術館蔵〉

ディリーバッグは昔ながらの日常的な実用道具であるが、最近ではアボリジニ以外の間でも装いの小物として利用されている。ファッションの目新しさとは、意匠、色彩、裁断や縫製法そして身に着け方などにおいて、従前とはどことなく異なるといえるような斬新さにあるだろう。とすると、アボリジニがはるか昔から育んできた生活道具には、素材や利用の仕方においても、アボリジニ以外の人びとには、自分たちが経験したことがない斬新な要素があるのかもしれない。

1970年代に活発になったアボリジニの権利拡大のための運動に並行するように、アボリジニ・デザインが生み出された。このデザインは、アパレルやファッションはもとより、オーストラリアを象徴する衣装として人びとの間に定着した。シドニーでオリンピックが開催された2000年を挟んだころには、オーストラリアのフラッグ・キャリアであるカンタス航空がアボリジニ・デザインを機体に施した航空機で国内外の乗客を迎えていたこともあった(写真8)。

これらを経ていま起こりつつある新しい展開は、意匠も素材もアボリジニが昔から利用してきたものでできあがっている。アボリジニの生活のための日常的実用品が、そのままアボリジニ以外の人びとの日常のおしゃれ(ファッション)の要素として定着しているのである。

▲写真8　アボリジニ・デザインを施したカンタス航空のジャンボ機
2017年までに4機が運航されており、2018年にも1機導入することが発表されている
〈クィンズランド州ケーンズ国際空港にて〉

4 伝統と近代とで紡いだ糸はアボリジニの固有性を紡ぐ

　物質文化に乏しかったアボリジニは、ヨーロッパ系入植者がもたらした衣服を欧化の象徴だと教えられ、身に着けさせられた。200年あまりを経た今日、かれらはアボリジニ以外の人びとと変わらぬ衣服を身に着け、日常生活を営んでいる。一方で、衣服が個人や集団の固有性を表象するという社会的機能を用いて、アボリジニは自分たちの主張を発信することを身につけた。発信の仕方はさまざまである。ある人は帰属意識を示すためにアボリジニの三色旗を衣服に施したり、三色を使った衣服を着用したりする。あるいは、遠隔地で暮らすアボリジニが育んできた点描や神話の登場人物を思わせる意匠の衣服を身に着ける人もいる。

　どのような形式であったとしても、アボリジニがアボリジニにまつわる意匠や色彩が施されている衣服を身に着けるのは、単におしゃれをするためだけではない。かれらはオーストラリア社会における民族としての歴史や固有性を衣服に物語らせているのである。確かに、かれらが身にまとう衣服は民族衣装だとは言いがたい。しかし、かれらは着衣することで、自らの民族的出自を表出しているのである。

　では、和装あるいは和服という民族的な衣装を育んできた日本の状況と比べると、どのようなことがわかるだろうか。

　明治維新以来、西洋の影響を強く受けてきたおかげで、現在では多くの日本人が普段はズボンやジーンズ、それにボタンシャツやＴシャツ（あるいはそれに類する衣服）やスーツやドレスで過ごしている。われわれは、そうした衣装を「洋服」と呼ぶことも少なく、単に「服」というだけである。ところが、そんなわれわれも、日本の衣装といえば「和服」「和装」と即座に反応する。普段着として着用している人は多くないはずなのに、である。

　改めて、両者がそれぞれの衣服を着用する場面を考えてみると、装いにまつわる機能が見えてくる。アボリジニは自分たちの歴史や社会での立ち位置にまつわる意匠を施した衣服や装飾品などを身にまとう。それは衣服をとおして自己の出自を再確認することや、それをアボリジニ以外の人びとにも示すためである。一方で、和服や和装が登場する機会としては、民族としての文化的固有性を他者に提示するという場面もある。たとえばノーベル賞の授賞式がそれである。しかし、海外での映画祭で目にする日本からの関係者が必ずしも和装だということはない。むしろ、われわれのあいだで和装や和服が登場するのは、冠婚葬祭や祭り、成人式などの特別な機会で、それは「おしゃれ」あるいは「日本的なる行事」のための慣行からということのほうが多いのではないか。

　一見両者は異なる状況のようであるが、実際には衣装をまとうことで、自分の文化的固有性を表出したり、出自を確認することができる。その意味では、アボリジニの装いも日本の和服や和装も、社会的機能は共通しているのである。そして、アボリジニの装いでも、あるいは和服であっても、その色彩、形、着衣時に用いる小物、あるいは着衣の仕方などは、時代とともに変化する。もともと文化は動態的で時代や状況に応じて変化しているのだから、それはモノとしての衣服においても当てはまる。したがって、自分たちの装いであるという認識が続く限り、固有の装いであり続けるはずだ。

　さて、アボリジニによる衣服や装いは自己の存在主張だけにとどまらない。アボリジニ・デザインは、いまや確立した意匠の権利（著作権）を集団として保全することで権利の永続性確保を目指している。作品の制作や製造の過程でアボリジニの関与を促し雇用を創出している［鈴木 1999］。それは、経済的に不利な立場にあるアボリジニの救済につなげられる。アボリジニは昔ながらの伝統的な要素を近代工業技術で生み出されている衣服や布地に織り込んでいるだけでなく、近

代の法律や経済原則も取り込んだ、アボリジニに固有の装いのあり方を実現させようとしている。そこに、伝統と近代を撚って紡いだ糸でアボリジニの装いとなる素材を織りなす少数派の生き方の一つを見いだせるのである。

参考・参照文献

Parbury, N. (1986) *Survival: A History of Aborinal Life in New South Wales*, Ministry of Aboriginal Affairs, New South Wales, Sydney.

Radcliffe-Brown, A. R. (1930) "The Social Organization of Australian Tribes," *Oceania* 1(3): 322-341.

ボガトゥイリョフ、P. G.(1981)『衣裳のフォークロア』松枝到・中沢新一訳、東京：せりか書房。

鈴木清史 (1993)『増補 アボリジニ——オーストラリア先住民の昨日と今日』東京：明石書店。

―――― (1995)『都市のアボリジニ―― 抑圧と伝統のはざまで』東京：明石書店。

鈴木清史・山本誠編 (1999)『装いの人類学』京都：人文書院。

参照Webサイト
アボリジニ・テント大使館
https://www.greenleft.org.au/content/aboriginal-activists-speak-tent-embassy-40-year-milestone
バンクロフト「Cycle of Life」
https://collection.maas.museum/object/138415

座談会 Ⅲ

現代の「装い」にみる
宗教性・ジェンダー・個別化
宗教間・地域間・男女間・時代間の比較から

●参加者●

小河久志／川村義治／川本智史／桑野萌／小磯千尋／
小西賢吾／坂井紀公子／アヒム・バイヤー／本康宏史／
山田孝子／ジェームス・ロバーソン

グローバル化が進み、世界のあらゆる地域の素材や製品、情報が
入手できる状況のなかで、衣服はどう変化していくのでしょうか。
「装い」を決定する気候、宗教、ジェンダーの視点から
衣服のありようと装う行為の未来を考えます

山田孝子●世界の装いについてその特徴を考えるときには、宗教の影響が一つの切り口になると思われます。イスラーム、キリスト教、仏教、ヒンドゥー教などが装いにもたらしたものについて考えてみたいと思います。

髭が表す思想と宗教そして信条

山田●ムスリムの装いの特徴として私が思い浮かぶのは、女性ならスカーフ、男性なら髭ですね。

小河久志●私が調査しているタイ南部のムスリム村落では、すべての男性が髭を生やしているわけではありません。髭を伸ばしている人は、「イスラームにまじめな人で、宣教活動であるダアワ[1]を一所懸命にする敬虔な信徒」という認識です。私も少し伸ばしただけで、村人に「お前も改宗してダアワをするようになったんだな」と言われました。(笑)

川本智史●私が調査しているトルコでは、髭の形でその人の政治信条が読めます。口髭と頬髭、もみあげも伸ばしている人は原理主義的な人。口髭だけの人は進歩主義者、ケマリスト[2]です。

ジェームス・ロバーソン●私は髭を生やしていることで、二つ興味深い体験をしました。一つは1990年代後半に日本に来たときで、駅の周辺のイラン人が集まっている場所を通ったら、「イラン人?」と訊ねられました。(笑) もう一つはモロッコのマラケシュでの体験で、日本人の妻と一緒に歩いていたら、「アリババ」と言われました。(笑)

川本●たしかにイランの人も、ロバーソン先生のように口髭を長めに伸ばしています。

ロバーソン●アメリカにいたときは髭を伸ばしたら「ヒッピーだ」と言われて親父とけんかになりましたし、日本では妻に「その無精髭を剃ってください」と言われましたね。(笑) 30年前の日本では、髭を伸

---

1) ダアワはアラビア語起源の言葉で「イスラームへの呼びかけ」を意味する。人びととの置かれた環境や理解の違いを考慮しつつ、ふさわしい方法でイスラームへの招待を伝えたり、イスラーム教育へと導く行為を指す。

2) トルコにおいて宗教的・保守的な勢力に対抗する世俗主義者。宗教は非合理で危険なものとして公共の場からの排除を主張する。名称は政教分離を掲げたトルコ建国の父ケマル・アタテュルクの名に由来する。

▶写真1〈左〉
スィク教徒

敬虔なスィク教徒は五つの「k」の付くものを身に着けるとされる。髪の毛（ケーシャ）もその一つ。他は櫛（カンガー）、刀（キルパーン）、鉄製の腕輪（カラー）、ズボン下（カッチャー）〈インドのプネーにて〉

◀写真2〈右〉
ヒンドゥー教の修行者「サードゥー」

サードゥーのなかでもシヴァ派の修行者は体に聖なる灰を塗り、髪は切らず髭も剃ることがない〈インドのバナーラスにて〉

ばすことは一般的ではなかったように思います。

川村義治●いまでも公務員などについては、ふさわしくないと言われることもありますね。

ロバーソン●インドでは、宗教によって髭の伸ばし方に違いがありますか。

小磯千尋●一般のヒンドゥー教徒は、顎髭を伸ばすことはあまりありません。スィク教徒は髪も髭もすべて伸ばして、頭の上に載せて縛る伝統があります。

アヒム・バイヤー●ヒンドゥー教では、サードゥー[3]が髭も髪も伸ばしていますね。

小磯●一般のヒンドゥー教徒では、口髭をたくわえている人は多いです。30年ぐらい前は髭がなければ男じゃないという感じでしたが、このごろは生やしていない若者も増えてきました。

世界宗教と近代化がもたらした衣装の変化 —— 覆わせる文化の強制と受容

山田●キリスト教の聖職者やシスターの装いについては、どのような特徴がありますか。

---

[3] ヒンドゥー教のヨーガ行者や苦行者などの修行者の総称。

桑野萌●修道服は、元来は清貧を表すものとして着用されてきましたが、とくに近年の日本では、修道服を着ない修道院も出てきました。着ていることで目立ってしまうし、清貧とは言えない状況があるんです。とくにシスターの場合、スカートでは動きにくい。私が土曜学校を手伝ったときには、スカートの下にジャージのズボンを穿いている人もいました。(笑) そこに頭巾をかぶるので、子どもには笑われるし、まち行く人にも驚かれる。これは違うだろうと言われていて、私服化する修道院もあります。とはいえ、修道女会は修道服を守っているところが多い気がします。男性の修道士会は早くに私服化しましたが。

川本●私服化した男性の修道会は、普段はどんな装いになるのですか。

桑野●場所によりますね。たとえばイエズス会なら大学で教えている人がほとんどですから、一般の先生と変わらない衣服を着ています。司祭の印であるローマ・カラーを付けておられることで司祭だということがわかる。「いかにも修道者です」という装いは少なくなっていますが、スペインの保守的な修道会では、いまだにそういう装いをされているところもあります。あとは、外に出て仕事をすることがない観想修道会[4] などは、かつての修道服をそのまま保っていることが多

◀**写真3**
**第266代教皇
フランシスコ**

質素を好むと言われるフランシスコは、教皇になる以前から使用していた鉄製の十字架を身に着けているとされる

[4] 外的な活動には関わらず、基本的に修道院の中だけで祈りと観想、労働を中心とした生活を送る修道会。

いと思います。

　他にカトリック教会の装いの特徴としては、位階制の世界なので、装いの色で階級を表したり、ミサのなかでの役割の違いを表したりしている点が挙げられると思います。

権威の象徴としての豪奢な祭服

川本●ローマ教皇というのは、報道でみるようなあの装いをいつもされているのですか。

桑野●教皇さまの立場によると思います。たとえば、前教皇のベネディクト16世[5]はかなり保守的ですが意外に合理的な方と言われているので、普段は私服を着ていたかもしれません。保守的な聖職者のなかには私服はまったく着ないという方もおられて、普段もスータン[6]などですごす方もおられます。

小磯●あの祭服の素材はシルクですか。光沢がよくみえますが。

桑野●いろいろあって、地域によっても違います。中世以来の伝統で、カトリックの祭服には豪華なものが多いです。おそらく豪華で派手であることには権威を象徴する意味があって、その考えがいまだに続いている。現在のフランシスコ教皇などは、「時代も変わっているし清貧と言っているんだから、少し考えましょう」という発言をされています。

川村●たとえば日本でクリスマスにカトリックの教会に行ったとき、司祭がきちんと正装しているとありがたく感じて、敬う気持ちになります。荘厳な雰囲気のなかでは正式なものを着てほしいという希望、期待がこちらにありますからね。

桑野●そうですね。ただ、やはり豪華になりすぎた気がします。(笑)日本の教会はそれほどでもないですが、ヨーロッパの教会、とくにスペインの教会は伝統的に国と結びついて黄金期には相当の力を持っていて、それを維持したいという気持ちが司教団の一部の人に強いので、

---

[5] 第265代ローマ教皇。在位は2005年4月19日から2013年2月28日。

[6] カトリック教会の神父などの平服に用いられている立襟の祭服。soutane、英語でキャソックとも言う。

装いにその思いが表れているように思います。

ロバーソン●スペインやイタリアでは、日曜日のミサに行くときは特別な服を着ますか。

桑野●スペインでは、どの教会に行くかによって服装が違います。たとえばオプス・デイ[7]という保守的な団体の信徒さんは、日曜日のミサには必ず正装で行きます。でも、リベラル派の教会や貧しい地域の教会の日曜日のミサでは、信徒さんは普通の装いです。

　カトリック全体でミサのときに着て行く服が決まっているわけではありません。たとえばフィリピンやパプアニューギニアの教会には、ミサは誰にでも開かれたもので、毎日汗水たらして懸命に働いている人が行くのだから、ジーンズで来てもいいという考えのところもあります。

山田●私が調査したミクロネシアの島にもキリスト教が入っていて、日曜日には教会に行く人もいましたが、そのときはみんな自分たちなりのかたちで身を清めて行っていました。

ロバーソン●50年ぐらい前のアメリカでの話ですが、私も日曜日には母に連れられて教会に行っていました。そのときいつも「Sunday bestを着なさい」と言われる。それがいやで行かなくなりました。(笑)

小磯●それは自分にとってのベストではないということですね。

ロバーソン●両親が決めるベストです。ジャマイカでも、貧しい人であっても教会に行くために必ず一着はいい服を持っていました。教会には歩いて行く人が多かったのですが、暑いなか汗をかきながらでも、スーツ姿などのSunday best、自分の一番いい服で行っていましたね。アフリカではそういう習慣はないですか。

坂井紀公子●私が調査や支援で通っているウガンダ北部にもカトリックの方が多くいます。彼らも普段は穴のあいた服や汚れてもいい装い

---

[7] 1928年に創設されたローマ・カトリック教会の組織。職業、地域、生活条件のなかでキリストの徳を体現しつつ暮らすことを提唱する。名称はラテン語で「神の御技」の意。

（右上の円内）日曜日の礼拝の服――正装と普段着と

ですが、日曜日に教会に行くときだけは正装です。男性はシャツにズボン姿か、もしくはカンズーというワンピース状の正装で行きます。女性もゴメシという一枚布もしくは上下に分かれた布を纏う正装で行きます[8]。

小磯●アフリカ特有のプリントの布ですか。

坂井●そうではなく、サテンのツルツルとした光沢のある布です。軽くて着やすいということで好まれているようです。宣教師たちが植民地時代にやってきて上半身を覆わせようとしたときには、当時ウガンダで高貴な人たちだけが使えていたバーククロス[9]を女性たちに巻かせようとしたようです。インド人との交易によって木綿が入ってからはそれが用いられて、以降は女性の正装としてずっと使われています。

小磯●普段の農業をしているときには、どんな装いですか。

坂井●古着市場が形成されていて安くていいものがたくさん手に入るので、輸入された古着ですね。

「覆わせる文化」の始まりはいつからか

桑野●上半身を覆う服を着ることとか正装という考えは植民地期以前にはなくて、宣教師が持ち込んだということですね。

坂井●もともとはそうです。それ以前は皮文化なので、野生動物の皮をスカートにしたり、下半身に巻いたりしていました。

桑野●結局、「覆わなければいけない」という考え方は、やはり西洋的なものなのかなと思いますね。

山田●たとえばオセアニア地域やミクロネシア、ハワイもそうですが、そもそもが腰巻だけだったわけですよね。そこに宣教師が来て、上半身を覆わせる。ハワイのムームーもそうですし、ミクロネシアの人たちもムームー的なワンピースを着る。キリスト教化されるなかで、「これを着なさい」とあてがわれて、そのスタイルがずっと続いている。

---

[8] 座談会Ⅰ25頁参照。カンズーはウガンダ男性の代表的な正装で、ゴメシもしくはブスティともいわれる装いはウガンダ女性の代表的な正装である。ウガンダ国内に56ある民族集団のうちのガンダ民族の民族衣装でもある。

[9] ウガンダで使用されていた樹皮布。樹皮布については座談会Ⅰ13頁参照。

肌を露出させてはいけないという意識が、当時の宣教師のなかでは強かったのだと思いますね。

ロバーソン●日本でも似たような状況がありましたね。明治に入ってから、上半身裸で農業などの仕事をしていた女性は、服を着るように強制されました。近代ヨーロッパと肩を並べるような国としての近代性を構築するなかで、女性のとくに外での肌の露出は減っていった。混浴のような文化も、西洋の影響によってそのころに変わったのだと思います。

川本●女相撲の禁止もその文脈ですよね。明治に入ってからのことです。

日本への洋装の導入と軍服

本康宏史●文明開化のときには、日本のさまざまなことが西洋の影響によって変わりましたね。洋装の導入もその一つです。

川本●明治天皇が洋装になったのはいつですか。

本康●あれは明治のはじめ、5年か6年のことです。御真影を撮るときに、どう撮るか試行錯誤があって、衣冠束帯姿や洋装でも撮影したのですが、最終的には軍服を着ます。私たちがよく目にする明治天皇の御真影は、軍服を着ていますよね。あれはじつは肖像画を描かせて、それを撮影したものなのです。

川村●我々が知っている御真影は肖像画なんですか。

本康●そうです。明治天皇が洋装になったことは、国民に大きなインパクトを与えました。それも軍服だったというところにシンボリックな意味があります。

小西賢吾●日本の軍服は、どこの軍のものをモチーフにしたのですか。

本康●陸軍はフランス、海軍はイギリス式のものを採用していますが、陸軍の軍服にはドイツの影響もみられます。必ずしも完全にヨーロッパのものをコピーしたわけではなくて、アレンジをしています。

川村●奇兵隊が着ていた隊服のようなものですか。

本康●そうですね。近代的な戦争で乱兵戦ともなれば、たとえば匍匐前進とか、寝ている状態から素早く立ち上がって後ろ向きに走ると

いった動きをしなくてはならない。それに耐えられるような服装を必要としたので、軍服はズボンになったのだと思います。

ジェンダーによる装いの差
――伝統を背負わされる女性

山田●宗教による影響と近代化の流れによって世界の人びとの装いは変化してきましたが、その変化の仕方にはジェンダーによる違いがありますね。

ムスリムのスカーフとキリスト教徒のヴェール

バイヤー●ムスリム女性のスカーフ[10]はその典型です。フランスでは禁止されて、ドイツでも一部の州で禁止されるなど議論が続いています[11]。ですが、私はこうした動きはあまり論理的ではないと思います。伝統的なイスラームで、男性はみせてもいいのに女性が髪をみせることを禁じられるのが不公平だと考えるなら、欧米文化でも、男性はプールなどで胸をみせてもいいのに女性は禁じられることも不公平だという結論になるのではないでしょうか。

ロバーソン●アメリカのキリスト教徒でも、プロテスタントの女性はなにもかぶりませんが、カトリックの女性は小さなレースのようなもので髪の毛を隠します。なぜそれは問題がなくて、ムスリムの女性がスカーフをかぶるのはだめだと言うのでしょうか。保守的で文化的ではないと批判されますが、じつはヨーロッパ系アメリカ人の文化のなかにも、女性は神様の前で髪の毛を隠すという伝統がある気がします。

山田●ロシア正教でも、女性は教会に入るとき、髪の毛をみせないよ

---

[10] イスラーム教徒の女性が身に着ける頭を覆うスカーフは、アラビア語で「覆うもの」を意味する「ヒジャーブ」と呼ばれる。地域によって形態はさまざまあり、目以外の顔と髪を覆う「ニカブ」や目の部分も網状の布で隠す「ブルカ」などもある。

[11] フランスでは、2004年に公立学校におけるヒジャーブの着用禁止の法律に続き、2011年4月11日、公共の場で顔を覆うものを着用することを禁止する法律が施行された。ドイツでも一部の州で公共施設でのスカーフ着用を禁じる法律が施行されている。

◀写真4
**ラダッキの
ムスリム女性**
左から2番目と3
番目はムスリム・
ラダッキの母娘で
あり、スカーフを
巻き頭を覆った状
態で日常をすごす

うにスカーフをしますよね。ロシア人にもやはり「髪をみせてはいけ
ない」という意識があると思います。

桑野●カトリック信徒のあいだでは、「髪を隠している」という意識は
あまりないと思います。日本ですと、長崎のほうに行くとヴェールを
着けている信者さんが多いですが、私を含めて多くの日本の信者さ
んは着けていない。特別な儀式のときに着けるぐらいです。

**女性の髪の毛が
各文化において
表象するもの**

山田●現在のカトリックでは「髪の毛を隠さなければならない」と
いう規範や意識はあまりないということですか。

桑野●シスターは別ですね。私服化していないシスターは、ずっと
ヴェールをかぶっています。男性の修道士さんはかぶらずに頭を出し
ています。

川村●「隠している」という意識がないにしても、ヴェールを着けるこ
ともあるということは、髪というものが重要な存在だということでは
ありますよね。

小磯●それはやはり女性の髪の毛が性的な魅力のアピールになるから
だと思います。

桑野●だから修道士の女性は髪の毛を切りますよね。

川本●オーソドックス・ジューイッシュ[12]の女性は髪をみせないように鬘をかぶります。

バイヤー●イスラームで女性が髪の毛をみせてはいけないというのも、ユダヤ教から入ってきた教えの一つだと言われます。また、本来は男性にアピールしないようにという目的でしたが、同時に、ヨーロッパで暮らすなかで自分たちがユダヤ人であることを周囲の人に知られたくなかったという理由もあって鬘をかぶったのだと思います。

ロバーソン●差別を避けるためにかぶったということですね。

小磯●インドなど南アジアでは、パルダー[13]といって、女性が家族以外の人に顔をみせることを禁じる風習があります。イスラームだけではなくヒンドゥーの人もそれを守っている人が多く、とくに他の男性に髪の毛をみせることがはしたない行為とされています。

　黒髪は、とくにインドでは男性を強く誘惑するものと捉えられています。だから夫が亡くなって寡婦になると、まずは身に着けている腕輪を泣きながら壁に叩きつけて割ります。それから髪の毛を、伝統的には1本1本抜かなければいけなかったのです。現在では変わってきていて、短く切るか剃髪することもありますし、まったくしない人もいます。

男性が短髪になった経緯——兜、シラミ

川村●髪については、明治以降の日本の男性は大半が短髪でしたね。でも1960年代になると音楽をやっている人たちが髪の毛を急に長く伸ばして、男性か女性かわからなくなった。あれは私にとってはすごくショックでした。

ロバーソン●男性が髪の毛を短くするようになった理由について、以前私が読んだ本では、戦争と関係があって、兜をかぶるようになってから短くなったと説明していました。

バイヤー●髪の毛を短くすると、頭を洗っても早く乾くし、シラミがわかない。中世ヨーロッパでは、髪の毛をある程度長くしていたのは

---

[12] ユダヤ教の戒律を厳守して暮らす人びと。

[13] ペルシア語やウルドゥー語で「幕、カーテン」を意味する。女性を家族以外の男性の目から遮断し、隔離する風習や制度の総称。

◀図1
15世紀ドイツで描かれた地主と農夫の木版画
左側の地主に右側の農夫たちが税金を差し出すよう。地主が長髪で描かれているのに対して、農夫たちは短髪か丸坊主姿で描かれている

貴族など身分の高い人だけで、貧しい家の人たちは短くしていたことが多くありました。シラミがわかないというのは、ヨーロッパの修道僧と東洋の僧侶が丸坊主にした理由の一つです。寺院には若者がたくさん集まって住みましたから、シラミが発生してうつることがないように丸坊主にしたのです。

川村●丸刈りにすることには、罰の意味もありますよね。

バイヤー●2,000年から3,000年前、キリスト教が入る以前のドイツでは、それは男性に与える罰でした。悪いことをしたら髪の毛を切る。

ロバーソン●ジョン・レノンが亡くなったときに、奥さんのオノ・ヨーコさんは日本の古来の風習に従って長かった髪を切ったという記事を読んだことがあります。そういう文化は本当にあったのですか。

山田●とくに江戸時代の武家社会では、夫を亡くした女性が髪を落として尼になることがあったようです。丸坊主にはならなくても、切ることで寡婦という存在を表象をしていたということはありましたね。

小西●貴人が剃髪して仏門に入ることを「落飾」と言いますね。

小磯●「飾りをはずす」という点ではインドと共通していますね。

性差で大きく異なるタイのムスリムの装い

小磯●タイのムスリムはジェンダーによって服装が変わることはありませんか。

小河●若い女性はグローバル化の影響を受けていて、いまどきのはや

りの服、タイの仏教徒の若い女性が着るような服を着ています。ただし、自分たちが暮らすコミュニティ内でそれをすると父親や祖父に叱られてしまうのでしません。

川本●スカーフはかぶっていますか。

小河●コミュニティ内ではほぼ全員かぶっていますが、外に出ると二つに分かれます。年頃の女性の場合、ムスリムがタイで少数派ということもあり、ムスリムであることを知られたくないという人が多い。そういう女性はスカーフをかぶりません。他方で宗教的にまじめな女性は、コミュニティの外に出てもスカーフをしています。若い世代には、イスラーム的な装いをしたくないという女性が多い気がします。しかし歳をとってくると、だんだん変わって、どこでもスカーフをかぶるようになります。

山田●タイのムスリムの男性の装いは、どのようなものですか。

小河●基本的にみんなTシャツと短パン、サンダルという装いです。高齢の方はバティックを巻くこともありますが、ほとんどが短パンに半袖です。漁業で生計を立てている人たちなので、基本的に動きやすい装いを好みます。

ロバーソン●男性はモスクに行くときも普段の装いなのですか。

小河●モスクに行くときはイスラーム的な装いになります。全体的に白い、ゆったりとした服に帽子をかぶります。

装いの許容度にみる男女の違い

山田●いまのタイの話のように、コミュニティの中で、男性はTシャツに短パンでも平気だけれども、女性はだめということがあるでしょう。男性は外から入ってきた装いに変わることが早く許容されるのに、女性のほうが伝統的な服装に縛られ続ける気がします。

小河●私が調査に行っているタイ南部のムスリム村落では、女性は少女から大人になった段階で、イスラーム的な装いをするように親や宗教教師から言われますね。

山田●子どものころの装いはどのようなものですか。

小河●日本の子どもと同じで、Tシャツやスカートといった、いわゆ

る洋服を着ています。

小磯●大人の女性は、目上の人の前では肌を出したら失礼だとされるわけですね。

小河●そうですね。ただしタイは暑いので、上半身については、儀礼などの特別な機会でなければ二の腕まで隠せばいいと考える人が多いです。

バイヤー●インドでは伝統的に、女性は肩をみせてはいけないとされていました。

小磯●そうですね。でも、最近はノースリーブも着るようになりましたね。あとは足でもふくらはぎがみえたりしたらだめです。

川村●じゃあ、ミニスカートをはくなんて、とんでもないことなんですね。

小磯●近年では、都会ではけっこう目にするようになってきています。

川本●最近トルコにサウジアラビアや湾岸諸国からアラブ人が観光で来ますが、たいてい大家族で来て、そのお父さんはすごく太っていて、Tシャツと短パン姿です。一方で隣にいる奥さんはオバQ状態で絶対に肌を露出しない。（笑）アンバランスな感じがします。

小磯●その差はおもしろいですね。

山田●やはり女性のほうが宗教的・伝統的なものを守っている、もしくは守らされていると感じますね。日本でも、明治以降に男性のほうが早くワイシャツ、背広などを着ていったのに対して、女性はかなり遅くまで着物で暮らしていました。

ヨーロッパにおける**男女の装い**

山田●現代のヨーロッパでは男女の装いの違いはどうですか。

バイヤー●現代日本とほとんど一緒かもしれません。ビジネスの場面では、基本的には男性はスーツですが、女性のほうは服の形で少し選択肢があります。ただ、日本の就職活動中の女性は黒色以外の選択肢はなく、これはドイツの女性の場合とは違っています。

山田●ヨーロッパでは男性が保守的なスーツで、女性が自由に華やかな衣装というのは、逆のようでおもしろいですね。

桑野●スーツに関しては、おそらく地域性があると思います。私はイタリアやスペインでスーツを着ている男性をあまりみたことがないんですよ。

小磯●イタリアにはアルマーニとかあるのに。

桑野●もちろん、まったくいないとは言えないのですが、だいたいが「えっ、そんな服装で仕事に行くの」というような……。みなさん自由ですよ。(笑)

小磯●ジャケットも着ないのですか。

桑野●着ている人と着ていない人がいますが、日本みたいにきちんとしたスーツ姿ではないです。おしゃれではありますけど。

　あとは、スペインですと北部と南部とでは差があって、北部のカタロニアでは女性がすごく強いのです。そういうジェンダー論が進んでいるところでは、パンツ姿の女性が多い。南に行けば行くほど、かわいらしい装いになります。アンダルシアのほうに行けば行くほどスカートが増えて、華やかな服を着ている女の子が多いです。

気候とスーツ、
Tシャツと
ジーンズ

バイヤー●スーツというのは基本的には北ヨーロッパ、イギリスやドイツの涼しい気候に合っている服装です。現在では世界中に広がってきましたが、温かい南ヨーロッパや日本、さらには北アメリカ南部などの気候では、スーツは暑い夏には合わないようです。やはりそれぞれの地域の伝統的な服のほうが合っている。私も韓国に住んでいたときには、夏はよく韓服[14]を着ていました。韓国では、女性より男性のほうが伝統的なハンボクをよく着ているという印象です。

本康●スーツにネクタイという服装は、気候上は日本には合わないと私も思います。でも岩倉具視らが使節団として外国を回ってきて、明治期に導入してしまったわけです。

川村●以前おもしろいなと思ってみていたのは、欧米の一流企業の

---

[14] 朝鮮半島地域における民族衣装の韓国での総称。男性は上半身の衣服であるチョゴリと下半身の衣服であるパジ（袴）を着て、その上にチョッキあるいは上着を着る。女性は上半身はチョゴリ、下半身にはチマ（裳）を着ける。

トップも公の場ではスーツを着ている人がほとんどですが、スティーブ・ジョブズが新商品を発表するときはジーンズとタートルネックにスニーカーというラフな装いでしたね。その一方で、日本で提携している企業の役員などは普通のスーツを着ている。でも、あのジョブズの装いによって mac や iPad などがどこか新しいもの、かっこいいものにみえる。

ロバーソン●彼のパフォーマンスですよね。彼はただのビジネスマンじゃなくて、「かっこいい人」です。(笑)

山田●あの装いが「アメリカらしさ」の象徴として魅力的に映るのかもしれませんね。

女性が
ラフな装いを
することへの
バリア

ロバーソン●アメリカの大学で教えている女性の先生が言っていましたが、ラフな服装をしていると、「この先生はヒッピー風の恰好をしている」などと、同僚ではなく学生に言われてしまうのだそうです。女性の教育者に対しては学生の見る目が違うという話で、印象的でしたね。

山田●たしかに、アメリカの学会に参加したときにみた印象では、男性はほとんどがラフな服装をしていましたが、女性はみんなカチッとした装いでしたね。

川村●参加者も発表者もですか。

山田●そうです。アカデミズムのなかで女性がラフな装いをすることには、かなりのバリアがあると感じましたね。女性の多くが競いあっているのかというぐらいおしゃれな装いで学会に参加しているのをみました。

小磯●スーツ姿が多いのですか。

山田●スーツもありますし、フェミニンな装いの人もいました。とにかくラフではなく、意識して選んだと思われる装いをしていましたね。

装いの行方
—— グローバル化と個性の希求とのせめぎ合い

山田●ここからは、現代の若者や私たち自身の装いについてみながら、これからの装う行為と装いそのものがどう変化していくのか、装いの未来について考えてみたいと思います。

昔の装いの再生産——ケニア、インド日本

坂井●10年ほど前までケニアの若い子たちは、古着が大好きでした。先進国からやってくる、私たちが着ていたような古着を買って着ることがおしゃれだと考えていた。

ところが、ケニアの経済が上向きになってきて変化が起こりました。ケニアには、昔から前掛けや風呂敷などとして使われてきたカンガとかキテンゲ[15]という布があります。それをテキスタイルとして小物を作ったり、服のワン・ポイントとして使ったり、服の素材にしたりして外国人観光客に売ることが、都市部を中心に始まりました。やがてケニアの若い女の子たちがそれをおしゃれだと捉えるようになって、農村部も含めて大規模に広がる。昔ながらのキテンゲやカンガが、おしゃれな服の一部という位置付けになったわけです。

日本でも一時期、若者の装いがどこの国のものかわからない服装になったことがありましたが、そのときも和服をリメイクした洋服や和柄の小物などが作られるようになって、それが人気になったことがありましたね。かつての装いの現代風の再生産が日本とケニアで同じように起こっていると感じて、近年興味深くみています。

小磯●インドでも、レディメイドの服に昔よく使われた古布の一部をうまく取り入れたり、アップリケのようにしたり、おしゃれにリメイクしているものがありますね。

坂井●ケニアでそれをおしゃれだと思うようになったきっかけの一つは、大量に流入したさまざまな国の自分たちとは異なる多様な衣装を

[15] カンガとキテンゲの使われ方や機能などの詳細については、105頁からの坂井紀公子による論考を参照。

みたことだと思います。それをみることで、ケニアらしい衣装とはどのようなものなのだろうかという意識が働くようになった。そうしてアンテナを張っているところに、昔から親しまれているカンガやキテンゲを利用した衣服や小物が出てきたので、みんながそれに反応したという経緯ではないかと思います。

川村●現代の日本の若い人たちも、やはりどこか他人と違う装いをしたいという思いがあって、着物の素材をうまく取り入れている人もいますね。帯の素材で作った小物とか、バッグなどもみかけます。

繕う文化の衰退と装い方の変容

山田●以前、父がもう着なくなった背広の生地をリメイクして、コートを作ってもらったことがありました。

小磯●昔の服は生地がしっかりしていたから、仕立て直すということができましたね。

山田●近年は、リメイクして着るほどの素材で作られた服は少なくなっていますし、作り直すより新たに買ったほうが圧倒的に安いですからね。

小磯●たしかに、素材も仕立て方も変わって、服の価格は安くなりました。大量生産のファストファッションのブランドなどもあるので、私たちの若いころの印象とくらべると、いまの若い人たちのほうが洋服は安いと感じているんじゃないでしょうか。若者もそうですが日本全体で、服はほとんどが使い捨てにしているでしょうね。

山田●現在の日本では、服も含めてなんでもモノが溢れすぎて、使い捨てにしてどんどん取り替えても、それほど金銭的な負担がない。そういう変化が装い方も変えています。

川村●セーターなどの編んだものを戻して編み直すこともありましたが、いまではあまりないでしょうね。靴下だって穴があいても繕って履いたものですが、もうそんなことをする家庭はないですよね。

坂井●してもすぐにまた破れます。いまの靴下の素材はすぐに穴があきますよ。

川村●またすぐ消費してもらえるように、作る側で計算して作ってい

▶写真5、6
大量に生産され
消費される衣服
東南アジア各地で
製造された衣服が
日本に運ばれ、大
量に消費される

るのかもしれません。

山田●かつてはまちに掛け接ぎ屋さんが何軒もあって、和服でも洋服でも、穴や傷がまったくわからないように直してくれましたね。

小西●中国ではいまでも路地裏などにありますよ。つぎを当ててもらうとか、穴を縫ってもらうこともできる。ズボンを買って裾上げしてもらうときもそこに持ち込みます。装いについて考えるうえでは、服のメンテナンスの文化というテーマも興味深いですね。

均一化と伝統による拘束のなかで個性を出す

川村●先進国で大量に消費されるファストファッションは、ベトナムやミャンマー、カンボジア、ラオスなど作られているわけですが、その国の人はそれを着ることはできないわけですよね。それを日本で着て、古くなればどんどん捨てている。

山田●生産地にも少しは出回ると思いますが、それを買える人は少ないでしょうね。

川村●大量生産された同じようなファッションを着る多くの人がいる一方で、やはり人との差異化を図り、個性を求める人たちもいますよね。石川県にある小松精練という会社で作っている生地は、中東の民族衣装用として圧倒的なシェアを占めているそうです。そこで中東用に生産されているさまざまな種類の生地は、私のようなしろうとがみてもほとんど同じ白い生地にしかみえません。ところがその50種類

以上の生地はすべて肌触りや質感などがわずかずつ異なっていて、品質もよく、着る人のこだわりに応えているから現地ではとても人気があると聞きました。

川本●かつてイランのバザールで女性用の布地を売っているところをみたことがありますが、同じでしたね。私がみてもほとんど同じ黒ですが、じつはそれが素材やツヤが違う何百種類もの黒で、みんなそこから選んで仕立てるわけです。

小西●そこは興味深いところで、ある程度は伝統や文化によって服のスタイルの縛りはあるわけですが、そのなかでいかに個性を出していくかを考えるようになる。

小磯●インドのサリーでは、ブラウスの襟元を深くえぐってみたり、後ろを大きくえぐったり、ノースリーブにしたりして、そこで差異化を図っています。ですからブラウスとサリーの色とのマッチングが大事で、布屋さんに行くとブラウス用の布がわずかな違いでグラデーションのようになって大量に売っています。

山田●一方では変容しつつも続く民族性や地域性、宗教性に基づく規範による拘束や制限があり、もう一方ではグローバル化に基づく製品や情報の大量生産と流通がある。その大きな流れのなかでも、差異化を図り、個性を出そうとする人びとの欲求は消えることはないでしょう。この三つの要素のせめぎ合いのなかで、装いの未来は描かれていくのだと思います。つまり世界各地の装いを観察し比較することは、民族性や地域性、グローバル化とそれに抗う世界の諸相をみることにつながる。比較文化学の一つの分野として、魅力と可能性のある一分野だと考えます。

インドを表象する
装いの変遷

都市部の観察からみえる男女差

小磯 千尋

1 女性の衣装の多様性と都市部男性の衣装の均一化

インドは日本の約9倍の国土を有し、北には万年雪を頂くヒマラヤの山並み、南には椰子の木が生い茂る常夏の地、西にはタール砂漠が広がり、東には世界屈指の多雨地域として知られるアッサムのチェラプンジを擁するなど、風土も多様なら、そこに暮らす人々の人種や宗教も多様である。

しかし、インドの民族衣装というと、誰もがまずは一律に女性の優美なサーリー（サリー）❶を思い浮かべるのではないだろうか。幅1.2メートル長さ5〜10メートルほどの一枚布を纏うサーリーは、インド女性の美しさの象徴的存在とされている。その纏い方は数十種類あるといわれ、地域や出身ジャーティ❷ごとに特徴がある（写真1、2、3、4）。

サーリーのほかにサルワール・カミーズ（スルワール・カミーズ、通称パンジャビー・ドレス、写真5）も、現代のインド全域で着用がみられる。また南インドでは、サーリーを着る前の少女たちが身に着ける、ロングスカートに別布の大きめのショールを巻き付けたハーフ・サーリーも一般的である。

砂漠地帯など高温・乾燥の地に暮らす人々の間では、ガーグラーというたっぷりの布を使ったロングスカートに、大きめのショールを頭からかぶるスタイルもよくみかける。またアッサムをはじめとする東北州では、いざり機❸で織られた布を2枚縫い合わせた腰巻が日常着として定着している（写真6、7）。このように女性の衣装は地域ごとに素材やデザイン、その装い方にも特徴がある。

一方、男性の衣装としては、西のグジャラート地方の牧畜を生業とする人々のギャザーをたっぷりとった白い上着とズボン（写真8）、北のカシミール地方の毛布のようなウールの上着、スィク教徒が頭に巻くターバンといった特定の地域や出自を代表する衣装のほかは、全インド的に農民が着る白いクルターという

---

❶ ヒンディー語の表記に忠実に、本稿では「サーリー」で統一した。

❷ インドでは、衣に限らず、文化的に南インドの方が北インドに比べて保守的な傾向がある。また、現在では着衣によって出身ジャーティなどを区別することはできないが、経済自由化政策前後は低いジャーティの人々は仕事着として男性は短めの腰布を、女性もサーリーの丈を短く着るなどの差が認められた。

❸ 居座機とも書く。古くから伝わる手織機の一種。機織りの際に織りを進めるとともに、座る位置を少しずつ前進させることから「居座（いざ）り」という名前がついた。

▲写真1 サーリーの着方①
全インド的にみられるスタンダードな着用法

▲写真2 サーリーの着方②
ベンガル地方の着用法

▲写真3 サーリーの着方③
グジャラート地方の着用法。端の部分を後ろから肩にかける

▲写真4 サーリーの着方④
マハーラーシュトラ地方の着用法。後ろが「おはしょり」になる

▲写真5 サルワール・カミーズ
長いスカーフがドゥパッター

▲写真6 マニプル州の女性①
マイタイの女性の正装

▲写真7 マニプル州の女性②
カブイの女性の正装

▲写真8 グジャラートの男性
牧畜を生業とする男性の装い

▲写真9 農村の男性の服装
クルターとパージャーマー

上衣とパージャーマーというズボン姿（写真9）、南インドの男性の正装である白い腰巻などが挙げられるが、女性の衣装ほどの多彩さはない。特に近年の都市部の男性については、ほとんどがワイシャツにズボンといういで立ちである。

　本稿では、インド近現代における女性と男性の「衣」との関わりを概観し、装い方の差を比較分析しようと試みるものである。

2 ガーンディーによる「衣」を利用した独立闘争戦略

　インドを代表する男性の衣装とは何かを考え抜き、自ら実験を重ね、それを政治的に活用したのが、インド独立の父といわれるガーンディー（ガンディー）[4]である。ガーンディーはインド社会において「衣」が人の社会的属性を顕著に表している［山下 2007: 87］ことを看破し、自らの政治的意図、メッセージを大衆に効果的にアピールするために最大限利用した。

　ガーンディーというと、私たちは短い腰布を纏っただけの「半裸の聖人」としての姿を連想する。しかし、その姿は最終的にガーンディーが試行錯誤を繰り返してたどり着いた到達点であり、一足飛びにそこに至ったわけではない。

　1888年、ガーンディーは当時のエリートの例にもれず、弁護士資格取得を目指してイギリスに留学する。留学中のガーンディーはイギリス紳士を模して、三つ揃いのスーツにネクタイを締め、すきのないようにスマートに振る舞おうと腐心していた。その後、南アフリカで弁護士として同胞の権利回復の闘いを続ける間も、イギリス時代と同様の洋装で過ごした[5]。

　そんな彼に変化が訪れたのは、1915年にインドに一時帰国したときである。このときガーンディーは、彼の出身地であるグジャラート地方の一般的な農民の衣装でボンベイ港に降り立った。妻には農民の衣装ではなく、パールスィー教徒風のサーリー[6]を着させていた。その後の独立闘争の過程で、彼はしだいに西

---

[4] ヒンディー語の表記に忠実に、本稿では「ガーンディー」とした。

[5] ガーンディーは、この時点ではヨーロッパ的な服装がインドの衣服より「文明化」されていると信じ、西洋化という価値観に固く縛られていた［ビーン 1995: 520］ため、まだ伝統的インドの衣服への回帰はみられなかった。

[6] 妻にはグジャラートの農民の装いではなく、当時インドでもっとも文明化されているといわれ↗

洋風の身なりを棄て、最後には半裸に近い姿となって、民衆の指導に才能を如何なく発揮した。山下博司によれば、「彼のカリスマ性の増大は、着衣の変化、より正確には『自らの身体から衣服や飾りを剥ぎ取っていくプロセス』と見事に比例している」という[山下 2007: 88]。このように自ら率先した清貧を旨とした行動は、説得力をもって大衆に訴えかけることとなる。

　多民族・多言語社会であるインドでは、ガーンディーが演説で使うグジャラティー語やヒンディー語あるいは英語を理解できない人がほとんどということさえあり、彼はよりダイレクトに民衆に訴えかける媒体を必要としていた。そこでガーンディーは、すべてのインド人にわかりやすい形で彼がもっとも重視するメッセージを伝え、インド人全体を一つにまとめるアイデンティティの形成を促すために、自分の外観を利用しようと考えた[ビーン 1995: 536]。

　その際に、独立前のインドには厳密な意味で「インド」の大衆を代表する服装は存在しなかったため、新たな「全インド的装い」を生み出そうとした。その過程で、どのような衣服を選択したとしても特定の集団を表象することしかできなかったため、すべての地域性を超越した服装として誰もが認める聖職者の衣装がふさわしいと考え、裸の上半身にドーティーという腰布を纏う姿にたどり着いたと考えられる。

　女性のサーリーと同様に5メートル近い薄手の布を巻き付けるドーティーは、独立前のインドで広く受け入れられていた。ただし、ガーンディーは外国製の布ではなく「インド性／製」にこだわり、手紡ぎ、手織りの布である「カーディー」で作られた短い腰布を身に着けることを決め、その布を自主独立のシンボルとして掲げて独立闘争を戦った。

3 カーディーがインドの独立と近代化に果たした役割

　ガーンディーはインド人の生活における布の役割を理解し、生計手段として布の製造が果たす経済的効果も計算したうえで、外国製の布をボイコットする

たパールスィー教徒のサーリーを着るよう指示したといわれている。パールスィー教徒とは、8世紀頃イランのパールス地方からイスラームの迫害を避けてインドに移民したゾロアスター（拝火）教徒のことである。

活動を始めた❼。その活動は「スワラージ（自治）・スワデーシー（自国品愛用）運動」
と命名され、大衆を動員していった。

　ガーンディーは、独立にはインドの再工業化が最重要であると考えていたが、
機械化産業には反対していた。彼は機械化産業を西洋が世界に犯した罪とみて、
手職人仕事の復活を望んでいたのである［ビーン 1995: 537］。そこでガーンディーは、
カーディーをスワデーシーの要と位置付けて、外国製品ボイコット運動に連動
して手紡ぎ・手織りのカーディーを衣服に用いることを奨励し、またそれを作
ることによって農民や女性たちが副収入を得られる道を創出した。シンプルで
安価なインドの服を通してのガーンディーの実践は、やがて民衆のあいだに所
有に対する軽蔑と、貧しい人々への「同一意識」の高まりを醸成するようになっ
た［Tarlo 1996: 88］。

　しかし実際には、カーディーの布は工芸品としては魅力的な素材であっても、
耐久性やデザイン性の面で工業製品に対抗できるものではなかった。また、手紡
ぎの糸は均一ではないため、紬のような風合いをもつが、織り目が粗いうえに重
く、洗濯も大変であり実用性に欠けていた。しかし、ガーンディーのたゆまぬ努
力と活動で、1921年にはすべての国会議員がカーディーで作られた服を身に着
けるようになった❽。議員の正式なユニフォームとしてカーディー製の装いが
採用されたというわけである。

　現在でも、選挙活動をする政治家はインドの自治・独立のシンボルとして、
カーディーで作られたクルターを着る風潮がみられる。だがマハーラーシュト
ラやデリーを中心とした北インドでは、筆者が知る限り、日常的にカーディーを
愛用する人は、ガーンディアン（ガーンディー主義者）や、都会のインテリやアーティ
ストなどに限定されるのが現状だ。ガーンディー記念基金で働く人々も、職場で

---

❼ 『インド独立自治』のなかで、ガーンディーはインドにとって布の経済が重要であることを初めて
　明確に表明した。「イギリスの支配はインドの富をイギリスに持ち去り、農民には重税を課し、イ
　ギリスの産業と競合するインド産業を破壊することによって、貧困、飢饉、病気を引き起こし、イ
　ンド経済を破壊してしまっていた。布製造業はずっとインドの筆頭産業であった。そしてその凋
　落がインドの貧困の主要な原因であった」［ビーン 1995: 523］。

❽ これに先立ち、インド国民会議は以下のような決議を行った。「外国製の布をボイコットするた
　めのキャンペーンをすること、この国民会議派で役職についたり、仕事をしている人に綿糸を紡
　いで手紡ぎ手織りの布（カーディ）を着るように求めること、そして中央に紡ぎ車のついた旗を
　採用すること」［ビーン 1995: 517］。

▲写真10　学校の制服として着用されているサルワール・カミーズ
英才教育で知られるプネーの「ニャーンプラボーディニ（知の覚醒）学校」の制服。あえて女子の制服が
ブルーで、男子の制服は鮮やかなピンクを採用している

の仕事着としてはカーディーを着用しているが、プライベートでカーディーを
着ることはほとんどないと語っていた。

　また、ガーンディーが海外での公式行事にもそれで臨んだ短い腰布と上半身
を覆うチャーダル（ショール）という装いは、一般には普及しなかった。政治家と
いうよりも宗教家として独立闘争に挑んだガーンディーの装いはあまりにも特
殊で、政治家の衣装として定着するには至らなかった。実際にガーンディーがイ
ギリスでの英印円卓会議に参加した折に、国王ジョージⅤ世と謁見する際もこ
の衣装で通すことに対して、イギリス以上にインド国内で反対の声があがった
[Tarlo 1996: 76]。こうして、「聖者ガーンディーの衣」としては認知されても、それ
が広く一般の大衆に受け入れられることはなかった。

　現在、カーディーは国家の庇護の下「KHADI」という名でブランド化に成功
し、デザイン性豊かな布はもちろん、オーガニックの石鹸、化粧品など村落小規
模産業による多様な製品を生み出している。

　カーディーを独立闘争のシンボルとしてインド大衆の心をまとめる戦略は、
一般女性たちの動員も可能にした。外国製品や華美な宝飾品をボイコットし、
ガーンディーとともに独立闘争に立ち上がった女性たちは、自ら糸を紡ぎ、質素
なカーディーのサーリーを身に着けた。

　糸紡ぎでは、慣れないと１本１本の糸が太くなりまた均一にならないため、織

りあがった布はサーリーとして着るには重くかさばってしまう。サーリーは体の前でプリーツを作り、それをお腹周りにたくし込んで着るため、厚いカーディーはサーリーに使うには不向きであった。そのためカーディーの普及とともに、サーリーではなく、より活動的で機能的なサルワール・カミーズを試す女性が増えたといわれている。ヒンドゥー教徒の女性はそれまで、立体的に仕立てられたサルワーズ・カミーズは、イスラーム教徒やパンジャーブ地方のスィク教徒の女性たちの装いであるとして、身に着けることはなかった。

　サルワール・カミーズは、長めのワンピース状のカミーズと、サルワールというゆったりとしたズボン、ドゥパッター（またはオールニー）という長いスカーフの3点セットからなっている（写真5）。スカーフとサルワールに同じ色や模様の布を使ったり、サルワールの中の一色をスカーフと同色にしたりするなど、その装い方には工夫が凝らされ、地域によっても個人によっても多様性がある。

　またカーディーの普及を契機にサルワール・カミーズはいち早くインドの小中学校の制服に取り入れられ（写真10、91ページからの金谷美和による論考も参照）、結婚してサーリーを着るまでの未婚女性の一般的な衣装として、全インド的に受け入れられていった。ガーンディーの衣の戦略は、インドに独立をもたらすとともに、人々の装いにも変化を与えたのである。

4 現代インドのファッション──結婚式での観察から

　1991年の経済自由化政策を契機として、インド都市部の装いの文化にも大きな変化がみられるようになった。日常的にスクーターにまたがって移動する機会の多い都会の女性には、既婚者でも日常着としてサルワール・カミーズのみを着用する人が増えている。結婚後サーリー以外は着たことのなかった年配の女性も、旅行時や運動時にサルワール・カミーズを試し、その機能性の高さを気に入り日常着として愛用する人も増えている。またサルワール・カミーズは豊富な色やデザインの既製品があるのはもちろん、好みの布を選んで安価に仕立てるという楽しみ方もできる。

　筆者が調査で訪れるマハーラーシュトラ州のプネーなどの都市部でみる限り、特に若い女性のあいだでは、2000年以降、祭りや冠婚葬祭などの特別な行事以

外ではサーリーを着る機会がかなり減っているのが実情である。しかし、逆に結婚式のときには、地域独自のサーリーの着方にこだわって、女性参列者全員で伝統的サーリーを纏う演出をすることが流行している。2017年12月に筆者が参加したプネーの結婚式では、日常的にはほとんど着られないマハーラーシュトラの伝統的ノワーリー・サーリー（9ヤード＝約10メートルのサーリー）❾姿の女性たちが一堂に会するのを目にする貴重な機会を得た（写真11）。

　インドの結婚式では、花嫁花婿両家の間はもちろん、親戚にも贈り物がなされるが、女性にはサーリーを贈るのが一般的だ。筆者が調査したケースでは、花嫁一家とその友人が、絹織物の産地として知られるハイダラーバードまで結婚式用のサーリーの買い出しに行き、80枚の高級サーリーを購入した。日々の生活ではサルワール・カミーズやジーンズなどを愛用している花嫁も、結婚式では3日間で10回近くお色直しとして華やかなサーリーを纏った。それに合わせて、花嫁の近親者もこの時とばかりに華美なサーリーに着替えていた。

　かつてヒンドゥー教徒の結婚式は、1週間にわたって祝われる最も重要な儀礼であったが、ここ30年ほどの間に、基本的には2日間式場を借り切って行われることが一般的になった。近年の新しい流行としては、花嫁花婿両家対抗の演芸大会のようなエンターテインメントが式の前夜に行われる。歌あり、踊りあり、マジックありのショーの内容もさることながら、参加者の衣装の華やかさに圧倒される。

　日常的にはズボンにワイシャツ姿の男性たちも、結婚式には伝統的な衣装を着て参列する。かつてプネーではドーティーが主流であったが、近年はイスラーム教徒の着衣の影響を受けた長めのクルターにチューリダールという細身のズボンのスタイル（写真12）が一般的になっている。

　女性のサーリーは、かなり減ったとはいえまだ都会でも農村部でも日常的に着られているようすを目にするのに対し、都会の男性はクルターを仕事場に着ていくことはほとんどなく、ワイシャツにズボン姿が主流である。隣国のパキスタンでは、男性も日常着としてサルワール・カミーズを着用しているのとは対照的である。

---

❾　マハーラーシュトラの伝統的なサーリーで、通常のサーリーよりも長い。サーリーを股の間に通してズボンのような形にするのが特徴である。

▲写真11　マハーラーシュトラ州プネーでの結婚式における女性の装い
伝統的なノワーリー・サーリーに身を包んだ女性たち。アクセサリーも伝統的なものを身に着けている

▲写真12　マハーラーシュトラ州プネーでの結婚式における男性の装い
右から3番目の男性はドーティー、他の男性はチューリダール、左端の女性はサーリーを着ている

5 現代インドの「装い」の選択における男女差

　反英独立闘争のひとつの手段として自覚的に衣を選択してきたインドの人々は、独立後70年を経た現在、地域色豊かな織りやデザインから好みの布やサーリーを選択する自由を謳歌している。伝統的な染色やデザインを生かした世界的に知られるブランド**❿**も増えてきた。かつては色落ちの問題や質にばらつきがあったインドの布地も、近年では手作りのよさが世界から注目され、繊維産業は現在ではインドの主要産業となっている**⓫**。

　先にも述べたように、デリーやプネー、ムンバイ、コルカタなどの都市部に暮らす若い女性たちは、抵抗なくミニスカートやジーンズを身に着けるようになってきた。2006年に会ったデリーの女子大生は、「サーリーを着る機会もないし、その着方も知らない」と、悪びれることもなく語っていた。30年ほど前は、ワンピースやスカート姿の女性はアングロ・インディア**⓬**に限定されていたが、都会の女性ファッションは確実に様変わりしている。その原因としては、情報メディアの発達や海外渡航者の増加によって、海外の情報が流入し、多様な価値観やその選択の自由が広がったことが考えられる。女性の社会進出が促進したことも大きな要因であろう。

　とはいえ現在でも、特に農村部では、パルダー(原意はカーテン)**⓭**と呼ばれる女性隔離の習慣の名残から、女性たちは家族以外の男性の前では頭から布をかぶって顔を隠す。そのため、サーリーのパッルーと呼ばれる肩にかかる部分や、サルワール・カミーズのスカーフの存在が重要となっている。伝統的にインドの女性の間には、「かぶる」＝「隠す」必要から、完全な洋装がなかなか広まらなかったのではないかと考えられる。サルワール・カミーズを着たときにはドゥパッター

---

❿ KHADIの他に、カーディーを要とするスワデーシーから生まれたブランドとして、fabindia, Anokhiなどが知られている。

⓫ 2010年の総輸出の5割以上を繊維関係が占めているとされる [伊藤・黒崎 2012: 445]

⓬ ヨーロッパ人 (主にイギリス人) とインド人の混血を指す。現インド憲法では、父または父方の祖先がヨーロッパ人であるインド人で、インドに生まれ、インドに居住する人のこと。およそ30万人いるとされる。

⓭ 南アジア全域で守られる社会慣習で、「女性を家族以外の男性の目から遮断する」という女性隔離を指す。

▲写真13 都市部でバイクに乗る女性
ドゥパッターを頭全体に巻きつけている

▲写真14 北インドのムスリム男性の正装
背広のかわりに用いられるシェルワーニー

またはオールニーと呼ばれる長いスカーフで胸の前をそれとなく覆っており、必要になるとそれで頭も覆う。また、大気汚染の深刻な都市部では、バイクに乗る女性たちがこのスカーフで目を除く顔全体を器用に覆う「ミイラ」スタイル（写真13）を定着させた。現在、ジーンズにTシャツ姿の女性が首周りにスカーフを巻いているのも、過去のパルダーの記憶からだろうか。

　一定の変化はありつつも、女性たちはサーリーやサルワール・カミーズを完全に脱ぎ捨てることはなく、インドの伝統手工芸品の技術を取り入れた衣装を日常着として上手に活用しているといえる。それは自国の産業を支える強い力でもある。

　一方、主に都市部の男性たちは、カーディーが政治家の制服に採用された頃から、日常着としてカーディーやクルターを着ることをやめてしまったようだ。あくまでも制服として必要な時に身に着けるという位置づけとなってしまった。クルターをきちんと着こなすためには、糊付けとアイロンが不可欠である。各家庭に洗濯機が普及し、以前はドービーと呼ばれる洗濯業者に任せていた作業を家庭でこなすには時間的にも労力的にも難しくなったことも、クルター離れの一因と考えられる。男性たちがクルターで正装すると「ネーター・ジー（政治的指導者）のようだ」とからかわれることも多い。

　年間を通じて平均気温の高いインドでは、木綿のゆったりとしたクルターは気候にあった快適な衣装であるはずだが、都市部の働く男性たちは、ズボンとワイシャツ、しかも合成繊維の襟付きのワイシャツを日常着として選択した。学生や若者たちにとっては、ジーンズとワイシャツやTシャツがもっとも一般的な日常着となっている。イギリス統治時代、「茶色の紳士」と揶揄されたようなイギリス式の三つ揃えの背広姿などは見かけられなくなったが、ファッション性やTPOなど関係なく、家庭の洗濯機で洗える無難で機能的なワイシャツとズボンという簡便な洋装が定着した。

　北インドでは、背広にかわって、イスラーム教徒の男性の正装であるシェルワーニー[14]という上衣もよく着られる（写真14）。農村部では現在でも白いクルターとパージャーマーが主流であるようすが観察できるが、その素材は機械織の綿または合成繊維が主流で、日本製の布は特に人気が高い。正装のときは、そこにガーンディー帽[15]をかぶるのが一般的となっている。

　女性は柔軟に変化を受け入れつつも、多様で地域色豊かな衣文化も守り続けている。筆者の友人は、学生時代ジーンズに憧れていたが、父親に禁止された経験をもつ。自由に衣を選択できる現在の自分の立場に満足しながらも、学校のCEOとして働く際には、糊の効いた綿サーリーや、質のいいシルクのサーリーを纏っている。社会的に期待されるイメージとしてサーリーが一番相応しいための選択だと話していた。インドの小中学校には女性教師が多いが、サルワール・カミーズを着ている教師は少数派で、圧倒的にサーリーを着ている女性が多い。実際、洋服に比べサーリーはインド女性の体形にもマッチしており、周りの者に安心感を与える。

　男性の装いについては、都市部と農村部の違いはあるものの、地域ごとの特色が薄れ、画一化する傾向にある。一般にいう外世界との画一化を衣のグルーバル化とすると、男性が一歩進んでいるといえるかもしれない。しかし、社会的要因

[14]　ヒンディー映画の結婚式の場面ではヒンドゥー教徒もシェルワーニーを着ており、その影響からか近年正装用の上着として用いられている。モディー首相も外遊の折にはシェルワーニーを着用しており、宗教の別なく受け入れられるようになった。

[15]　1919年ころガーンディーが考案したカーディー製の折りたたみ式のカシミール帽子のこと。ガーンディー自身は2年ほど着用しただけであった[Tarlo 1996: 82−86]。インド初代首相ネールーは長年このガーンディー帽を愛用した。

を打ち破って、伝統に裏打ちされた美的感性を世界に発信していくことを内からの衣のグローバル化と考えるならば、地域工芸を駆使した優美なサーリーやサルワール・カミーズを纏った女性たちのほうが、男性よりも数歩先を行っているといえよう。日常的にジーンズなども取り込みつつファッションを楽しむ女性の姿には、インドで徐々に進みつつある女性の社会進出の流れの影響も感じられる。このように「装い」に注目してその歴史を踏まえて変化を観察することで、その社会の現在が明らかになる。ガーンディーが看破したように、「衣」が社会的属性を顕著に示すインド社会について考えるうえでは、「装い」からみる比較文化学には大きな可能性が広がっていると考えている。

参考・参照文献

Ghurye, G.S. (1966)〔1951〕*Indian Costumes*. Bombay: Popular.

Tarlo, E. (1996) *Clothing Matters—Dress and Identity in India*. London: Hurst & Company.

コーン、バーナード S.(1995)「布、服、そして植民地主義──一九世紀のインド」アネット・B・ワイナー、ジェーン・シュナイダー[編]『布と人間』佐野敏行訳、東京：ドメス出版、pp.443-515。

伊藤正二・黒崎卓 (2012)「繊維工業」辛島昇他監修『新版 南アジアを知る事典』東京：平凡社、pp. 445。

国立民族博物館[編] (2005)『装うインド──インドサリーの世界』大阪：財団法人千里文化財団。

小林勝 (1999)「サリー／サリー以前──カーストと着衣規制、そして国民化」鈴木清史・山本誠[編]『装いの人類学』京都：人文書院、pp.127-145。

ビーン、スーザン S. (1995)「ガンディーと『カーディ』、インド独立の織り成し」アネット・B・ワイナー、ジェーン・シュナイダー[編]『布と人間』佐野敏行訳、東京：ドメス出版、pp. 517-547。

ボガトゥイリョフ、P.G.(1981)『衣裳のフォークロア』松枝到・中沢新一[訳] 東京：せりか書房。

山下博司 (2007)「『衣』の伝統的意義と役割」(第Ⅲ章インドの『衣』) 山下博司・岡光信子『インドを知る事典』東京：東京堂出版、pp. 80-94。

辛島昇他監修 (2012)『新版 南アジアを知る事典』東京：平凡社。

「加賀友禅」という文化表象
誰がブランドを生み出したのか

本康 宏史

1 「加賀百万石」の構成要素としての「加賀友禅」

　加賀友禅は、主に石川県（金沢市）で生産される伝統的工芸品である。日本の代表的な染色法である「友禅」の技法を用いた染織物で、京友禅、東京手描友禅とともに「三大友禅」の一つに数えられる［四季の美Webサイト］。着物に「美しい自然の息吹きを封じこめ」た、「落ち着きのある写実的な草花模様を中心とした絵画調の柄」が特徴で、五彩（臙脂・藍・黄土・草・古代紫）を基調とした、「加賀百万石の武家文化のなかで培われ」た染色工芸であるという［加賀友禅会館Webサイト］。

　また、「外ぼかし」や「虫喰い」の技法を駆使することで、仕上げに染色以外の技法（金箔、絞り、刺繍）を用いる「京友禅」とは異なる特徴をもつとされ、加賀友禅には「繊細な日本の心と、染めの心が絶えることなく脈々と息づいている」とされる［加賀友禅会館Webサイト］。

　さらに、金沢市民の町をあげての一大イベントである「百万石まつり」❶において、前夜祭行事の中でも人々の耳目を集める「友禅灯篭流し」が例年開催され、「加賀友禅」は「加賀百万石」の雅なイメージを補強してきた。近年では、北陸新幹線の開通を契機に、観光都市としてさらなる集客を得る金沢の光景として、観光客向けの「加賀友禅」調和装レンタルの流行も目立つようにもなった。このように加賀友禅は、「加賀百万石」文化の重要な構成要素として、そのイメージ形成に一役買っているといえる。

　筆者は近年、「加賀百万石」イメージの実態を、比較文化史の事例として検証すべきではないかと考えてきた。地域（都市）の記憶が、いかなる言説の集積によって形成されたかを明らかにする作業である。その考察の過程で、とりわけ美術工芸の分野においては、「京文化の導入による加賀百万石像の形成と強化」という解釈が流布されてきたことに気づいた❷。この説について検証することは、江戸時代からの文化継承、近代金沢の文化形成の問題を考えるうえでも重要だと思われる。以下、「友禅染」に関する研究史の整理を通して、「加賀友禅」の成立をめぐる諸問題について、比較文化史的な視点から考察してみたい。

---

❶ 現在行われている金沢市の「百万石まつり」の詳細については、本シリーズ第3巻『祭りから読み解く世界』の本康宏史の論考を参照［本康 2018］。

❷ 例として、小松［2012］の第3章「御細工所の工芸技術」などが挙げられる。

▲写真1　友禅流し
友禅の染色後に、生地の糊や余分な染料を洗い流す
工程。かつては浅野川や犀川でも頻繁にみられた

▲写真2　友禅の彩色
加賀友禅は四季折々の草花など自然をモチーフにし
た図柄が多く、その写実性も特徴の一つである

2 百貨店による「江戸趣味」としての友禅の商品化

　そもそも「友禅染」の名称は、江戸時代の絵師・宮崎友禅に由来している。宮崎
友禅は、江戸期のモードの世界にきわめて大きな足跡を残したとされる一方で、
虚像が増殖し、正当な評価が与えられていない側面があるという [丸山 2008: 158]。

　丸山伸彦によれば、宮崎友禅が友禅染の技法の「創作」はもちろん、「大成」に
も「改良」にも、関与していたことをうかがわせる情報はなにひとつ見いだせな
いという。彼は、あくまでもデザイナーであり、その点でのみ一世を風靡したス
ター的な存在だったとされる [丸山 2008: 208]。そして、この江戸のスターを近代
において再発見したのが、大正期に消費文化の花形となった百貨店であった。以
下、「江戸趣味」の代表的な文化表象として、友禅や尾形光琳を「商品化」した三
越の戦略を確認しておきたい。

　江戸時代の呉服商、越後屋を前身とする三越は、1893 (明治26) 年に三井呉服店
として再出発し、欧米式の経営・販売・陳列システムを備えた近代的な百貨店

として衣替えしていった。玉蟲敏子は、その販売戦略の一環として、明治後期から大正期に、尾形光琳を用いた「商品化」活動が多彩に繰り広げられるようになることを検証している [玉蟲 2014: 87-89]。その「光琳キャンペーン」のピークは二百年忌が開かれた1915（大正4）年で、その後の大正後期においては、三越の関心は光琳よりも宮崎友禅に移動していくようになったという [玉蟲 2014: 101]。その契機となったのが、金沢市内の寺院で宮崎友禅の「墓碑」が発見された「事件」だった。

1920（大正9）年、金沢の卯辰山龍国寺にて、宮崎友禅の墓碑が発見されたと大々的に報じられた❸。玉蟲敏子が検証した三越百貨店の広報誌『三越』の記事によれば、同年5月に墓碑が発見された龍国寺で盛大な法要が行われ、10月には大阪三越で友禅の展覧会が開催された❹。また、三越はかつて尾形光琳の墓石発見にかかわった流れで、友禅の墓石発見にも執心していたという [丸山 2008: 226]。友禅墓碑の発見プロジェクトの調査の実質的なスポンサーは、百貨店だった可能性もある。真偽は不明だが、いずれにせよ友禅の墓の発見と法要以降、「友禅」の名称は広く一般に知られてゆくようになる。

玉蟲によれば、今日、「友禅染を個人作家の造形として捉える研究者は皆無」といっていいようだが、「大正時代は個人への志向の強い時代で、工芸作家（光琳、友禅、さらには柿右衛門焼の酒井柿右衛門など）も『個人』として発見され、研究対象に」なっていったという [玉蟲 2014: 103。カッコ内は筆者加筆]。なお、俵屋宗達もこの大正時代に発見されており、宗達個人の作品がクローズアップされていくのも、やはりこの大正半ばからである❺。

---

❸ 「友禅墓石の確認」（「北國新聞」大正9年1月19日付）。同記事のリードには、「久しき間の疑問遂に解決、市内卯辰龍国寺の境内に」とある。なお、この間の詳細は、和田 [1920]、龍國寺 [1920] に詳しい。

❹ 河原田康史によれば、1920（大正9）年より前、1907（明治40）年ごろには友禅斎に関する過去帳と墓石が発見されており、友禅の生没年・晩年に関する研究は1918（大正7）年から盛んになったという [河原田 2015]。

❺ 金沢においても、この時期に俵屋宗達を顕彰する「宗達会」が創設されている。宗達会は、「画聖宗達の顕彰を目的」として、1914（大正3）年8月12日、金沢市宝円寺において第1回宗達忌法要が営まれたことに始まる。これも金沢市史編さん委員の和田文次郎が、宝円寺住職の増田雪厳師の協力により、宝円寺墓所で宗達の墳墓と思われる墓碑を発見したことが機縁となったという [本岡 1984]。

3 友禅墓碑の「発見」と染色界のスターとしての顕彰

　友禅の墓碑の発見者の一人である和田文次郎は、当時金沢の中心的な郷土史家で、『稿本金沢市史』の編纂や、加越能史談会の創設に尽力したことでも知られている。和田は、地域の古老の伝承に、京都生まれの宮崎友禅は晩年に金沢に移り、その墓が卯辰山にあると聞きつけたことから、龍国寺の過去帳を調べ、「元禄七年十一月住持梅心の序」とある過去帳のなかに「友禅斎」と「施主　太郎田屋」の記載を発見、また同時に草むらの中に戸室石のそれと思しき墓石を発見した [小林 2010：121]。

　その後、有志による「宮崎友禅斎史蹟保存会」が結成されて、境内に友禅堂と戸室石の顕彰碑が建てられた。碑に刻まれてある句（「京のことまた口へ出る余寒かな」）は、友禅の自詠であるという。金沢の著名な随筆家である井上雪は、この句について「友禅斎が晩年金沢に住んでいたころ、金沢の冷え込んだ夜には、時折京都の事を思いだし、なつかしがったことを詠んだもので、翁の金沢での生活がしのばれる」と解釈している [井上 1978：125]。

　さらに井上は、「金沢にきた友禅斎は、加賀藩御用紺屋太郎田屋の四代目茂平をたずねて来たもの」で、「なぜ京都を去って金沢に安住の地を求めたのか」という問いに、「太郎田屋の初代与右衛門が、能登穴水の出であることが明確」なことから、おそらく「同郷の人との交わりにその安住先を求めたもの」と断定している。また、「友禅斎の先祖が能登深江 (現在の穴水) の出身」とする説を紹介しつつ、宮崎友禅自体の「能登出生説」にまで推察は及んでいる [井上 1978：127-128]。

　一般に、藍染めを生業とする染め物業を「紺屋」というが、加賀では藍染めに限らず染め物一般や友禅業なども紺屋職、紺屋細工職、紺屋型付と呼ばれ、紺屋業と総称されていたという [花岡 1972：12]。実際に『金沢町方絵図名帳』(1811年刊)という資料には、紺屋業の関係者128名が記載されており、その中に紺屋頭取としての太郎田屋与 (奥) 右衛門の名が見られる [花岡 1972：9-11]。この太郎田屋の三世與右衛門が金沢入りした宮崎友禅を寄寓させ、五世は1758 (宝暦8) 年の友禅の二十三回忌に墓碑を龍国寺に建立したといわれている。

　宮崎友禅の金沢入りの際に友禅のデザインがもたらされて原初の「加賀友禅」が完成したという説が現在に伝わるが [金沢市Webサイト等]、宮崎友禅と金沢との

関係については諸説紛々としており、典拠を明示しながら考察することは難しい[松村 2004：59]、というのが実際のところであろう。

　このように、人物像のきわめて不明瞭な友禅について、前述のような「加賀出生説」や「加賀移住説」が流布し、この両者が混淆したものと思われる。丸山も指摘するように、「染色界にスターを求めようとする時代の意思に導かれ」て[丸山 2008：235]、こうした説がより広まったのだと考えられる。

4　加賀古来の「御国染」と現在の「加賀友禅」

　ところで、加賀には室町初期頃から「御国染」(他国から見れば「加賀染」)という染色技法が存在していた。この技法は「無地染め(地染め)」の系譜と「模様染め」の系譜とに分けることができる[松村 2004：54]。このうち無地染めが発展して、その流れのなかから最終的に主流となったものが「加賀憲法染」[6]とされる。加賀憲法染は17世紀前半には記録にその名がみえ、「女物は京、男物は加賀」といわれ、華やぎのある赤みの黒である京染と比べ、重厚な青みの黒である加賀染は男性用に用いられていたという[7][花岡 1977：26]。このように、宮崎友禅の加賀入り前に(その真偽はともかくとして)、染色技法が発展する素地が存在していたと考えられる。

　一方、加賀の「模様染め」の系譜は、町人の度を越した着道楽(金紗・刺縫・総鹿子など)[8]を取り締まるために1683(天和3)年発令された天和の「奢侈禁止令」を契機に台頭してきた染法である。今永清士によれば、この「模様染め」としての加賀染が、現在の加賀友禅の原初形と考えられているという。ただし、この技法は以前からあったものが時代の潮流にあったものと考えられるとも今永は述べている[今永 1977：67]。この点で、「模様染め」の系譜が「加賀友禅(染)」に移行したもの

---

[6] 吉岡憲法によって生まれたとされる憲法染とは違い、加賀で発展した地染め。なお、吉岡憲法は、兵法師範として室町幕府につかえた吉岡流の祖。京都四条の染物師として、先述のように憲法染、吉岡染とよばれる黒茶染を考案したとする説もあるが史実は不明。もともと加賀には、紅梅の樹皮や根を煎じた汁で染める「梅染め」という技法が存在しており、赤茶色のものを赤梅、黒茶色のものを黒梅という。これは鎌倉時代からの加賀国の特産とされている。

[7] 工程の違いで布地が丈夫になって刃が通り難いことから、武士に喜ばれたともいわれる。

[8] 金紗は紗の地に金糸などを織り込んで模様を表した絹織物。刺縫は模様の輪郭の刺し目はそろえ、中は針目をそろえないで長短交互に刺し埋める刺し方。総鹿子は布を糸でくくって染め上げた後で糸をほどくと、仔鹿の背の班点のような模様が染めあがる、絞り染めの技法である。

といえなくもないが、その場合、宮崎友禅の直接的な影響は逆に薄くなり、加賀友禅の由来を巡る議論はさらに複雑な様相を呈することになる❾。

　この点に関連して花岡慎一は、現存する初期友禅染の小袖の約6割が「加賀調」ではあるが、技法的に「加賀出来」の「加賀染」ではないという。このことから花岡は、現在の加賀友禅の特徴といえる「ぼかし」、「虫喰い」、「割付文様」などに加えて、その他に「何か当時加賀染を特徴づける常識のようなもの」(傍点引用者)が存在し、これらの特徴をふまえさえすれば、加賀で作られていなくても「加賀調の加賀染」と認識されていたのではないかと推察している[花岡 1977:74-75]。

　「加賀染を特徴づける常識のようなもの」が具体的に何を指すのかは不明だが、この考えに基づけば、少なくとも「京友禅」にはない「加賀調」のデザイン・色調が、加賀の「模様染」を特徴づけていたこと、その特徴があれば、「加賀(この場合は、金沢を中心とした加賀藩領域という意味か)で作られていなくても」、「加賀染」と認識されていたことが推測される。以上を踏まえて、では、「加賀友禅」とはいったい何だったのであろうか。

5　「加賀友禅」というブランドの成立と「京友禅」

　「御国染(＝加賀染)」とよばれていた染め物が「加賀友禅」という名称で定着し一般に広く伝わったのは、20世紀に入ってからのこととされる[金沢市Webサイト]。金沢でも、昭和初期まで染物屋の暖簾や看板に「加賀友禅染」の文字はなく、多くは「京染」と記されていて、京染はそのまま友禅染のことを指していたという[小林 2010:121]。したがって、かつては京都と金沢の友禅染の区別は、あまりなかったと考えられる。

　ところが今日では、京友禅と加賀友禅の意匠はかなり異なると目されている。長年、加賀友禅の製造・販売にも携わった花岡によれば、「加賀友禅はあくまで野草や野鳥などの題材をより自然的というか野趣味に富ませ、しかも写実的に表現し、例えば植物の葉や花には暈しや虫食いまでも描く」もので、「日本の伝統的な文様化の手法にしては全く亜流の者」であるという(傍点引用者)[小林 2010:

---

❾ 友禅染は宮崎友禅がもたらしたのではなく、友禅のイメージに沿うデザイン＝模様が、加賀の御国染＝模様染と融合したものと今永は理解しているのかもしれない。

121]。つまり20世紀に入ってから現在に至るまでの「加賀染」の「加賀友禅」への展開は、むしろ非「友禅」化の方向ともいえるのである。

　第二次世界大戦後の金沢では、観光を重視するなかで、「加賀料理」、「加賀蒔絵」、「加賀九谷」など、「加賀」の冠が付された「伝統文化」が喧伝されるようになる。その冠称が付されたがために、他地域産の商品との差異化が意図的に試みられる。染色という「装う」工芸をめぐる「伝統文化」についても同様の事態が起こり、ブランドとしての「加賀友禅」の成立に大きな影響を与えたと考えられる。

　その際に、染色という工芸が、伝統的な技法やイメージの取り込みと継承をしつつ、加賀や金沢という地域内のブランドから、新たに地域外に展開するブランドへと成立していったことは間違いない。しかし、「加賀友禅」のブランド化を支えたのは、江戸時代の加賀藩由来の文化や工芸技術のベースもさることながら、むしろ「京友禅」のイメージをある時代は強調し、ある時代は払拭しようとした、明治以降（とりわけ大正期以降）の近代のバイアス（あえていえば百貨店などによる商業主義の影響）ではないだろうか。

　おそらく、こうしたブランド化は、その文化の内在的な価値に、外からの文化価値が多角的で段階的な作用を複雑に与えるなかで成立するものといえよう。「装い」をはじめとする工芸の分野における各地のブランドの成立の歴史とその展開を紐解くことで、その地域の特性が浮かび上がる。こうした試みも比較文化学の一環として有効であり、可能性のある分野だと思われる。

参考・参照文献

井上雪 (1978)『金沢の風習』金沢：北國出版社。

今永清士 (1977)「友禅」『太陽　染と織シリーズ3　友禅小紋』東京：平凡社、pp.61-71。

河原田康史 (2015)「宮崎友禅斎と友禅染——友禅斎の墓石について」『京都産業大学日本文化研究所紀要』第20号、京都：京都産業大学日本文化研究所、pp.232-287。

小林忠雄 (2010)「金沢における小京都と小江戸の文化論」松崎憲三 [編]『小京都と小江戸——「うつし」文化の研究』東京：岩田書院、pp.109-127。

小松噯一 (2012)『金沢の工芸土壌——加賀藩御細工所の潮流』石川：北國新聞社。

高木博志［編］（2013）『近代日本の歴史都市——古都と城下町』京都：思文閣出版。

玉蟲敏子（2014）「三越における光琳戦略の意味——美術史の文脈から」岩淵令治［編］『「江戸」の発見と商品化——大正期における三越の流行創出と消費文化』東京：岩田書院、pp.79 - 107。

花岡慎一（1972）『加賀のお国染め2——夜着と風呂敷』東京：フジアート出版。

———（1977）「加賀友禅」『太陽　染と織シリーズ3　友禅小紋』東京：平凡社、pp.72-76。

丸山伸彦（2008）『江戸モードの誕生——文様の流行とスター絵師』東京：角川学芸出版。

本岡三郎（1984）「宗達会と山科杏亭画伯」『石川県郷土史学会々誌』17号、金沢：石川県郷土史学会、pp.20-21。

本康宏史（2006）「『加賀百万石』の記憶——前田家の表象と地域の近代」『日本史研究』525号、京都：日本史研究会、pp.52-76。

本康宏史（2018）「『百万石まつり』の祭神にみる加賀藩意識——藩祖利家の神格化と維新後の再生」山田孝子・小西賢吾［編］『祭りから読み解く世界』京都：英明企画編集、pp.97 - 108。

松村理恵（2004）「金沢における憲法染と紺屋——御国染と太郎田屋の観点から」『加能民俗研究』35号、金沢：加能民俗研究会、pp.54 - 60。

龍國寺（1920）『友禅の墓蹟を確認した始末』友禪齋表慶法會紀念金澤卯辰龍國寺。

和田文次郎（1920）『友禪』友禪齋史蹟保存會、p.77。

参照Webサイト

加賀友禅会館公式Webサイト〈http://www.kagayuzen.or.jp/know/〉

四季の美公式Webサイト〈https://shikinobi.com/kaga-yuzen〉

金沢市公式Webサイト「いいね金沢」加賀友禅の項目
〈http://www4.city.kanazawa.lg.jp/17003/dentou/kougei/yuuzen/yuzen.html〉

あとがき

　本シリーズの出版は、金沢星稜大学における平成28年度の人文学部国際文化学科の開設に端を発している。グローバルな視野をもって地域社会に役立つ人材の育成をめざす「比較文化学」教育の入門書としての活用を考え取り組んでいるものであり、本シリーズでは、ヒトの暮らしを支えるさまざまな文化要素をテーマに掲げている。

　第4巻である本書は、「装い」をテーマとして、装うという行為の起源と展開を追い、「装い」が人間にとってどのような意味を持ってきたのか、あるいは持つのかについて比較文化学的に探求したものである。「装い」は食・住とともに、人類文化の根源的要素といえる。あらゆる地域や民族の間に存在し、そこには民族文化のエッセンスが表象されているようすが観察できる。また、急速な「装い」のグローバル化の進展のなかで、「装い」の伝統が現代風に維持される現状もみることができる。

　本書の制作は、2017年10月に開催した金沢星稜大学創設50周年記念事業人文学部シンポジウム「装いの文化──北陸と世界をつなぐ〈見る、触る、着る〉」を契機として始まり、このシンポジウムでの議論を生かす方向で具体的な計画を進めてきたものである。座談会と論考には、シンポジウムでの講演者である井関和代氏、金谷美和氏、鈴木清史氏、大井理恵氏にも参加していただくことができ、専門領域・地域を異にする研究者による日本と世界各地の「装い」についての比較文化学的議論をとおして、「装い」に込められた民族性と地域性とを、より一層浮かび上がらせることができたのではと思っている。

　本書の出版は、金沢星稜大学総合研究所のプロジェクト研究所に採択された「比較文化学教育研究所」(平成28年度〜31年度)の「グローバルな世界情勢に対処できる人材育成のための比較文化学の教育方法と課題に関する研究」の一環として可能となったものである。金沢星稜大学総合研究所の研究助成に感謝したい。また、本書の出版は、シリーズの企画からレイアウト、きめが細かく的確な編集助言、とくにさまざまなトピックが飛び交った座談会の議論をコンパクトに編集していただいたことなど、英明企画編集株式会社松下貴弘氏の尽力なくしてはできあがらなかったものである。この場を借りて氏に改めて感謝の意を表したい。

編者 山田孝子・小磯千尋

写真クレジット

- 2ページ……©iStockphoto.com/Supersmario
- 3ページ、69ページ左上、72ページ上……小磯学（2013）
- 4ページ1段目、80ページ、155ページ右スペース左、157ページ3段目左、157ページ1段目左、2段目右、166ページ右……小磯千尋（2018）
- 4ページ3段目、73ページ左……小磯千尋（2007）
- 4ページ2段目、86ページ……井関和代（2006）
- 4ページ4段目、9ページ右上……©iStockphoto.com/Joobhead
- 4ページ5段目、5ページ3段目、91ページ左2段目、93ページ左下、101ページ上……金谷美和（2016）
- 5ページ1段目、7ページ中央1段目、69ページ右上、79ページ、135ページ右上……小西賢吾（2017）
- 5ページ2段目、11ページ、6ページ右2段目、27ページ左1段目、48ページ……山田孝子（2014）
- 5ページ4段目、17ページ円中……©kogamomama-Fotolia
- 5ページ5段目、108ページ下、108ページ上左、112ページ……坂井紀公子（2011）
- 6ページ左上、27ページ左3段目、46ページ下、36ページ左上……山田孝子（1998）
- 6ページ左下、21ページ……井関和代（1988）
- 6ページ中央1段目、69ページ左下、76ページ……井関和代（1996）
- 6ページ中央2段目、25ページ、113ページ右……坂井紀公子（2018）
- 6ページ中央3段目、105ページ左4段目、108ページ上右……坂井紀公子（1999）
- 6ページ右1段目、69ページ右下、74ページ……©Andrii Shevchuk/Alamy Stock Photo
- 7ページ左1段目、157ページ2段目左、164ページ上下……小磯千尋（2017）
- 7ページ左2段目、155ページ右スペース右、157ページ3段目中央……小磯千尋（2014）
- 7ページ左3段目、44ページ上右……山田孝子（2006）
- 7ページ中央2段目、123ページ右スペース上、130ページ上右……鈴木清史（2004）
- 7ページ中央3段目、27ページ左2段目、39ページ下、42ページ、44ページ上左、70ページ……山田孝子（1976）
- 7ページ右1段目、46ページ上……山田孝子（1996）
- 7ページ右2段目、36ページ上右、36ページ下……煎本孝提供
- 7ページ右3段目、44ページ下……山田孝子（2012）
- 8ページ左1段目、12ページ左四角……井関和代（1978）
- 8ページ左2段目、12ページ円中……山田孝子（2011）
- 8ページ中央1段目、39ページ上、8ページ中央2段目、12ページ上右……北海道大学植物園・博物館提供
- 8ページ中央3段目、4段目、169、171ページ……金沢市提供
- 8ページ最右、17ページ上右……山田孝子（2017）
- 9ページ左上、12ページ右下……森淳（1970）
- 9ページ左下……©goro20-Fotolia
- 9ページ右下……©FRANK-Fotolia

179

● 17ページ左四角……岡谷蚕糸博物館提供

● 20ページ……小磯千尋（2015）

● 27ページ最右、33ページ最左……山田孝子（2000）

● 27ページ右から2番目、3番目、33ページ右から1番目、2番目……山田孝子（1995）

● 37ページ上、中……山田孝子（1983）

● 37ページ下、73ページ右、77ページ左、右……山田孝子（1989）

● 51ページ左1段目、63ページ上……©kasbah-Fotolia

● 51ページ左2段目、64ページ上……個人所蔵

● 51ページ左3段目、63ページ下、64ページ3段目左右2点……井関和代（1972）

● 51ページ右上、57ページ3段目右……個人所蔵

● 51ページ右スペース内下左、52ページ、57ページ2段目左、57ページ1段目左、57ページ3段目左、58ページ上、59ページ上左、60ページ左……井関和代（2007）

● 51ページ右スペース内下右、58ページ下右、下円中……個人所蔵

● 53ページ……Indus Priest/King Statue. The statue is 17.5 cm high and carved from steatite a.k.a. soapstone. It was found in Mohenjo-daro in 1927. It is on display in the National Museum, Karachi, Pakistan. ©Mamoon Mengal-world66.com〈https://commons.wikimedia.org/wiki/File: Mohenjo-daro_Priesterkönig.jpeg〉

● 58ページ下四角……©Ruckszio-Fotolia

● 59ページ上右……田枝幹宏（高田修・田枝幹宏『アジャンタ──石窟寺院と壁画』（平凡社）1971年、83ページより引用）

● 60ページ右……吉岡常雄著「概説 インド更紗」吉岡常雄［編］『染織の美』第2号（京都書院）1979年、57ページより引用

● 64ページ2段目左右2点……個人所蔵

● 66ページ……個人所蔵

● 72ページ下……井関和代（1983）

● 77ページ中央……山田孝子（1990）

● 85ページ、105ページ左3段目、113ページ左、107ページ……坂井紀公子（2017）

● 91ページ左1段目、97ページ2段目右……金谷美和（2000）

● 91ページ左3段目、98ページ左……金谷美和（2014）

● 91ページ右スペース内左、96ページ上段左……金谷美和（2009）

● 91ページ最右、96ページ下段左、101ページ下……金谷美和（2015）

● 93ページ上左、右下……金谷美和所蔵

● 93ページ上右、93ページ左2段目、96ページ上段中央、上段右、下段右、97ページ上段左右、下段左、98ページ円中……金谷美和（1999）

● 96ページ下段中央……金谷美和（2003）

● 98ページ上右……金谷美和（2006）

● 105ページ左1段目、116ページ上……坂井紀公子（2004）

● 105ページ左2段目、111ページ……坂井紀公子（2013）

● 105ページ右スペース、116ページ2段目……中村香子（2000）

● 116ページ3段目……©SOTK2011/Alamy Stock Photo

● 123ページ左1段目、130ページ上左、123ページ右スペース下、130ページ下、131ページ……鈴木清史（2017）

● 123ページ左2段目、129ページ上右……鈴木清史（1993）

● 123ページ左3段目、129ページ左……"Cycle of Life" hand-painted opera cape, Bronwyn Bancroft, 1987. Collection: Museum of Applied Arts and Sciences. Photo: Penelope Clay Arranged through Japan UNI Agency, Inc., Tokyo

索引

事項索引／地名・地域名・国名／植物名／民族名・集団名

●地名・地域名・国名

●植物名

●民族名・集団名

編者・執筆者一覧

◆編者

山田 孝子 (やまだ たかこ)

- ◉ 所属……金沢星稜大学人文学部教授／京都大学名誉教授
- ◉ 専門……文化人類学、比較文化学
- ◉ 研究テーマ……チベット系諸民族の宗教人類学的・民族誌的研究、琉球諸島・ミクロネシアの自然誌的研究、アイヌ研究、シャマニズム、文化復興、エスニシティ
- ◉ 主な著書 (論文)
  - *Migration and the Remaking of Ethnic/Micro-Regional Connectedness* (Senri Ethnological Studies no. 93、Toko Fujimotoとの共編著、Suita, Osaka: National Museum of Ethnology、2016年)
  - 『南島の自然誌——変わりゆく人－植物関係』(昭和堂、2012年)
  - 『ラダック——西チベットにおける病いと治療の民族誌』(京都大学学術出版会、2009年)
  - *The World View of the Ainu: Nature and Cosmos Reading from Language* (London: Kegan Paul、2001年)
  - *An Anthropology of Animism and Shamanism* (Bibliotheca Shamanistica, vol. 8, Budapest: Akadémiai Kiadó、1999年)
  - 『アイヌの世界観——「ことば」から読む自然と宇宙』(講談社 (選書メチエ)、1994年)

小磯 千尋 (こいそ ちひろ)

- ◉ 所属……金沢星稜大学教養教育部准教授
- ◉ 専門……インドの宗教・文化
- ◉ 研究テーマ……ヒンドゥー教におけるバクティ、マハーラーシュトラ地域研究、インド食文化
- ◉ 主な著書 (論文)
  - 「中世バクティ詩人にみる浄・不浄観」(『金沢星稜大学人文学研究』1 (1): 59-69、2016年)
  - 「インド——ヒンドゥー教とジャイナ教」(南直人編『宗教と食』(食文化フォーラム 32) 所収、ドメス出版、2014年)
  - 『ヒンディー語のかたち』(白水社、2013年)
  - 『世界の食文化 8 インド』(小磯学と共著、農山漁村文化協会、2006年)

◆著者・座談会参加者 (五十音順)

井関 和代 (いせき かずよ)

- ◉ 所属……大阪芸術大学名誉教授
- ◉ 専門……文化人類学、民族藝術学、染織材料学
- ◉ 研究テーマ……西アフリカの藍染め・染織の民族誌的研究、エチオピアの諸民族の染織技術の比較研究、東アジアの製藍技法の比較民族誌の研究。
- ◉ 主な著書 (論文)
  - 「編みから織りへ——エチオピアの「籠」つくりを事例に」(『藝術 (大阪芸術大学紀要)』35: 23-34、2012年)
  - "Chapter 2 Use of Fibers in Africa" (In JAICAF (社団法人国際農林業協働会議) eds., *Fiber Plants of Africa and their Usage*、2010年)
  - 「薬用植物の利用と〈自然観〉について——北部ベトナム・サパ県におけるザオ社会を事例に」(『藝術 (大阪芸術大学紀要)』33: 23-39、2010年)
  - 『アフリカの布——サハラ以南の織機・その技術的考察』(河出書房新社、2000年)
  - 『ハルマッタンの空の下——サハラ南縁藍染め紀行』(いんてる社、1988年)
  - 「デザインと製作」(青木保ほか編『「もの」の人間世界』(岩波講座文化人類学第 3 巻)、岩波書店、1997年)

大井 理恵（おおい りえ）

◉ 所属……石川県立歴史博物館学芸主任
◉ 専門……民俗学、文化財保存修復
◉ 研究テーマ……衣生活、仕事着、人生儀礼と染織品、地芝居衣裳、民俗文化財の保存修復
◉ 主な著書（論文）
- 『染の華 織の心――加賀・能登の技とデザイン（展覧会図録）』（石川県立歴史博物館、2011年）
- 『歌舞伎衣裳 綺羅をまとう（展覧会図録）』（石川県立歴史博物館、2018年）
- 「膠・木粉混合剤を用いた民俗資料の保存修復方法について――藤塚神社奉納イナウの保存修復を通して」（『石川県立歴史博物館紀要』第27号、2018年）

小河 久志（おがわ ひさし）

◉ 所属……金沢星稜大学人文学部准教授
◉ 専門……文化人類学、東南アジア地域研究
◉ 研究テーマ……東南アジアのイスラームとムスリム社会、自然災害と社会・文化の関係
◉ 主な著書（論文）
- 『「正しい」イスラームをめぐるダイナミズム――タイ南部ムスリム村落の宗教民族誌』（大阪大学出版会、2016年）
- 『自然災害と社会・文化――タイのインド洋津波被災地をフィールドワーク』（風響社、2013年）
- 『グローバル支援の人類学――変貌するNGO・市民活動の現場から』（共著、昭和堂、2017年）
- 『東南アジア地域研究入門2 社会』（共著、慶応義塾大学出版会、2017年）

金谷 美和（かねたに みわ）

◉ 所属……国立民族学博物館外来研究員
◉ 専門……文化人類学、南アジア研究、工芸研究
◉ 研究テーマ……インド職能集団の人類学的・民族誌的研究、布と染織品の人類学的研究、災害復興における手仕事の意義、工芸技術の伝承と担い手
◉ 主な著書（論文）
- 『布がつくる社会関係――インド絞り染め布とムスリム職人の民族誌』（思文閣出版、2007年）
- 『インド刺繍布のきらめき――バシン・コレクションに見る手仕事の世界』（三尾稔、中谷純江との共編、昭和堂、2008年）
- 『はじまりとしてのフィールドワーク――自分がひらく、世界がかわる』（李仁子、佐藤知久との共編、昭和堂、2008年）
- 「手仕事を復興すること――インド西部地震被災地の布工芸生産者」（『人類学研究所研究論集（南山大学人類学研究所）』4：44-64、2018年）
- 「集団移転と生業の再建――二〇〇一年インド西部地震の被災と支援」（林勲男編『アジア太平洋諸国の災害復興――人道支援・集落移転・防災と文化』pp.140-165、明石書店、2015年）

川村 義治（かわむら よしはる）

◉ 所属……金沢星稜大学人文学部教授
◉ 専門……英語教育
◉ 研究テーマ……認知的観点から英語のスキルの向上を考察する
◉ 主な著書（論文）
- 『異文化理解の座標軸：概念的理解を越えて』（淺間正通［編著］、分担執筆、日本図書センター、2000年）
- 『民族から見たアメリカ社会』（Robert Muraskin との共著、成美堂、2004年）
- 『英語で世界に橋を架けよう』（リンチ・ギャビンとの共著、南雲堂、2015年）

川本 智史（かわもと さとし）

◉ 所属……金沢星稜大学教養教育部講師
◉ 専門……建築・都市史
◉ 研究テーマ……トルコを中心とする地域におけるオスマン朝の空間の歴史
◉ 主な著書（論文）
- "Before Topkapı: Istanbul Old Palace and its Original Function"（In *Archivum Ottomanicum* 33：203-211、2016年）
- "Courtyards and Ottoman mosques in the 15th and 16th centuries: Symbolism, mimesis and demise"（In *A|Z ITU Journal of the Faculty of Architecture*, 12 (2): 35-48、2015年）
- 『オスマン朝宮殿の建築史』（東京大学出版会、2016年）
- 『イスラム建築がおもしろい！』（深見奈緒子［編著］、共著、彰国社、2016年）

桑野 萌（くわの もえ）

◉ 所属……金沢星稜大学人文学部講師
◉ 専門……哲学的人間学・比較宗教学
◉ 研究テーマ……東西の伝統思想からみる身体論、スペインと日本の比較思想研究
◉ 主な著書（論文）
- 「ペドロ＝ライン・エントラルゴの身体論を巡って――ペドロ・ライン＝エントラルゴにおける心身の一体性とダイナミズム的宇宙論の思想的背景について」（『人体科学』22：74-81、2013年）
- 『身体の知――湯浅哲学の継承と展開』（黒木幹夫・鎌田東二・鮎澤聡［編著］、分担執筆、ビイングネットプレス、2015年）
- 『宗教改革と現代』（新教出版社編集部［編］、分担執筆、新教出版、2017年）
- 『身心変容のワザ～技法と伝承』（鎌田東二［編］、分担執筆、サンガ、2018年）

小西 賢吾（こにしけんご）

◉ 所属……金沢星稜大学教養教育部准教授
◉ 専門……文化人類学
◉ 研究テーマ……宗教実践からみる地域社会・共同体論。チベット、ボン教徒の民族誌の研究
◉ 主な著書（論文）
- 『四川チベットの宗教と地域社会――宗教復興後を生きぬくボン教徒の人類学的研究』（風響社、2015年）
- "Inter-regional relationships in the creation of the local Bon tradition: A case study of Amdo Sharkhog," *Report of the Japanese Association for Tibetan Studies*（『日本チベット学会会報』60：149–161、2014年）
- 「興奮を生み出し制御する――秋田県角館、曳山行事の存続のメカニズム」（『文化人類学』72（3）:303–325、2007年）

坂井 紀公子 (さかい きくこ)

- ◉ 所属……金沢星稜大学人文学部講師／京都大学アフリカ地域研究資料センター特任講師
- ◉ 専門……文化人類学、アフリカ地域研究
- ◉ 研究テーマ……ケニアにおける女性の商業活動と金融活動の文化人類学的研究、ウガンダ北部における てんかん性脳症患者と家族を支援するコミュニティー形成の医療人類学的研究、ウガンダ北部・ 紛争後社会のコミュニティー再生の文化人類学的研究
- ◉ 主な著書 (論文)
- "Community Response to Nodding Syndrome in Northern Uganda" (In *Proceeding of International Symposium France-Japan Area Studies Forum*、共著、Center for African Area Studies、2018年)
- 「いちばでのルール形成 その1～3」(太田至 [編著]『アフリカ紛争・共生データアーカイブ第2巻』 pp.28-30、京都大学アフリカ地域研究資料センター、2015年)
- 「地方都市のマーケットと女性たち――野菜商ムエニさんの日常生活」(松田素二・津田みわ [編]『ケニ アを知るための55章』pp.257-261、明石書店、2012年)
- 「ソコはアツイ女の園――カニィニとの思い出」(松田素二・津田みわ [編著]『ケニアを知るための55 章』pp.269-271、明石書店、2012年)
- 『マーケットに生きる女性たち――ケニアのマチャコス市における都市化と野菜商人の営業実践に関 する研究』(松香堂、2012年)

鈴木 清史 (すずき せいじ)

- ◉ 所属……日本赤十字九州国際看護大学看護学部・大学院教授
- ◉ 専門……文化人類学
- ◉ 研究テーマ……都市先住民・少数民族にまつわる文化・社会現象、エスニシティ研究。安心安全に焦 点を合わせた環境・健康教育プログラムの開発と評価研究。
- ◉ 主な著書 (論文)
- 「健康教育教材の試用と今後の課題――パキスタンの小学校での試み」(『アジア研究 (*Asian Studies*)』 13：25-33、静岡大学人文社会科学部アジア研究センター、2018年)
- 「パキスタンによける健康課題とヘルス・リテラシーの可能性」(『アジア研究 (*Asian Studies*)』12：41- 50、静岡大学人文社会科学部アジア研究センター、2017年)
- 「aborigine から Aborigine へ――官製雑誌 *Dawn* から見えてくること」(『アジア研究 (*Asian Studies*)』 11：59-68、静岡大学人文社会科学部アジア研究センター、2016年)
- 『装いの人類学』(山本誠との共編、人文書院、1999年)
- 『都市のアボリジニ――抑圧と伝統のはざまで』(明石書店、1995年)
- 『多文化社会の看護と保健医療』(翻訳、福村出版、2015年)

Achim Bayer (アヒム・バイヤー)

- ◉ 所属……金沢星稜大学人文学部准教授
- ◉ 専門……仏教学、比較文化学
- ◉ 研究テーマ……仏教思想史、仏教倫理学、現代仏教、比較文化
- ◉ 主な著書 (論文)
- *The Theory of Karman in the Abhidharmasamuccaya* (Tokyo: International Institute of Buddhist Studies、 2010年)
- "The Ethics of Kingship and War in Patrul Rinpoche's Words of My Perfect Teacher and the Last Buddhist Rulers of Derge" (In Charles Ramble and Jill Sudbury, eds., *This World and the Next: Contributions on Tibetan Religion, Science and Society*, Proceedings of the Eleventh Seminar of the International Association for Tibetan Studies, Königswinter 2006. Andiast, Switzerland: IITBS (International Institute for Tibetan and Buddhist Studies GmbH) pp.81-106、2012年)
- "School Affiliation of the Abhidharmasamuccaya in the Light of Tibetan Scholasticism" (*Bojo Sasang, Journal of Bojo Jinul's Thought*, 36：55-96、2011年)

本康 宏史（もとやす ひろし）
- ◉ 所属……金沢星稜大学経済学部教授
- ◉ 専門……日本近代史・地域史・産業史
- ◉ 研究テーマ……石川県を中心とした北陸地域の近代的展開
- ◉ 主な著書（論文）
- 『イメージ・オブ・金沢──"伝統都市"像の形成と展開』（編著、前田印刷出版部、1998年）
- 『石川県の歴史』（高沢祐一、東四柳 史明、橋本哲也、川村好光との共著、山川出版社、2000年）
- 『軍都の慰霊空間──国民統合と戦死者たち』（吉川弘文館、2002年）
- 『からくり師大野弁吉の時代──技術文化と地域社会』（岩田書院、2007年）
- 『大名庭園の近代』（小野芳朗、三宅拓也との共著、思文閣出版、2018年）

James E. Roberson（ジェームス・ロバーソン）
- ◉ 所属……金沢星稜大学人文学部教授
- ◉ 専門……文化人類学（日本研究）
- ◉ 研究テーマ……日本における仕事や男性性、戦後沖縄のポピュラーミュージック
- ◉ 主な著書（論文）
- *Japanese Working Class Lives*（Routledge、1998年）
- *Men and Masculinities in Contemporary Japan*（共著、Routledge Curzon、2003年）
- *Islands of Discontent*（共著、Rowman & Littlefield、2003年）
- 『仕事の人類学』（共著、世界思想社 2016年）
- 「『沖縄』を描くということ」（桑山敬巳 [編著]）『日本はどのように語られたか──海外の文化人類学的・民俗学的日本研究』pp.115-149、昭和堂、2016年）

シリーズ 比較文化学への誘い4

文化が織りなす世界の装い

発行日 ——— 2019 年 1 月 11 日

編　著 ——— 山田孝子・小磯千尋

発行者 ——— 松下貴弘
発行所 ——— 英明企画編集株式会社
　　　　　　〒604-8501 京都市中京区御幸町通船屋町367-208
　　　　　　電話 075-212-7235
　　　　　　http://www.eimei-information-design.com/

印刷・製本所 — モリモト印刷株式会社